The principles of the golf club

ゴルフクラブの原理原則

森 守洋

主婦の友社

はじめに

　子どもたちがゴルフクラブを振るときは、何の思考も入れずゴルフクラブという物体に対峙し、シンプルにその重い物体を振りやすいように振ります。

　これに対し、大人がゴルフクラブを振るときには、いろいろなことを考えるだけでなく、"正解"と言われている動きや、スイング時のポジショニング、いわゆる"カタチ"を体現しようと頑張ります。

　ゴルフで言うスイングとはゴルフクラブを振ることですが、そこに思考や、ちょっとした指針のようなものが入ってきただけで、子どものようにシンプルにクラブを振ることが難しくなります。ただ振ればいいだけなのに、それができなくなってしまうのです。

　「ゴルフが上達しない」と悩んでいる世のアベレージゴルファーの多くは、この状態に陥っています（正確にはゴルフが上達しないのではなく、ゴルフクラブを使えていないだけですが）。

　両者の間にどんな違いがあるのでしょうか？　簡単に言うと、子どもたちは終始、クラブが重く感じないように引きながら使っており、大人は反対に押すような使い方をしています。

　これは理屈ではなく自然なことです。大人でも、子どもがクラブを持ったときと同じような重さを感じるなら、みんな子どもと同じように使うでしょう。詳細は本編で詳しく述べますが、前者は物体が効率よく動き、後者は効率の悪い動き方をします。同じ道具を使うなら効率よく使ったほうがいいに決まっています。

　「ゴルフは難しい」という人はたくさんいますが、大きく2つに分かれます。ラウンドで遭遇する自然現象やピンチに対応し、いいスコアを出すことに難しさを感じている人と、ボールを打つことに難しさを感じている人です。

　この本を手にとっていただいている方の多くは後者だと思いますが、そうなっているのは、本来は必要ないことを考えたり、カタチばかり気にしているからかもしれません。

　私はかねてから"クラブが主、体は従"と説いてきました。前著『ゴルフスイングの原理原則』では、それについてスイングの視点から解説し、プロ、アマチュアを問わず、多くのゴルファーの方々から高い評価をいただきました。

　それは大変嬉しいことですが、同時に、クラブが主役と説きながら、主であるゴルフクラブについて十分なアプローチをしていなかった部分もあった気がします。これまで何冊もの本を書かせていただきましたが、思えばシンプルにクラブについて考えたり、

クラブの動きだけを追ったものはなかったのです。（「クラブものは売れない」なんて出版社の方に言われていたこともあったのですが）。

　スイングを習得しようとしたら、ほとんどの人はカタチから入りますし、レッスンもおおむね、その方向から攻めていきます。決して間違いではありませんが、カタチを作る練習をしたりレッスンを受けた場合、ばっちりハマる人もいますが、ハマらない人も大勢います。

　私はかねがね、たかがスイングごとき、なぜ習得させてあげることができないのか？と考えていました。一人たりとも上達しない人を作りたくない、ハマらない人を減らしたい、といった思いからクラブ目線のレッスンをするようになったわけです。

　ゴルフクラブはへんてこりんな形をした道具です。もちろんそれには理由がありますが、何百年もかけて進化してきた道具が難しくなっているはずはないわけで、付き合い方さえ間違えなければ誰もが正しく効率よく使えます。

　もちろんスイングを念頭に置いての話ですが、正しいクラブの使い方を知ることがいいスイングに直結するわけで、これ以上合理的な方法はありません。万人に共通するという意味でも、あらためてクラブの視点でスイングを追求してみようと思いました。

　それを一冊にまとめたのが本書です。プロゴルファーは基本的にクラブの構造にのっとったスイングをしています。ゴルフクラブの原理原則から外れないから機能的かつ効率的です。これに対し、アベレージゴルファーはクラブ本来の機能を生かせていません。プロとアマチュアの決定的な違いはここですが、両者の溝は大して深くありません。何せ道具が使えているかいないかの違いだけですから。

　説明の都合上『ゴルフスイングの原理原則』と重複する部分もありますが、すでにおわかりになっている方は、その部分は飛ばし読みしていただいても結構です。本書によりゴルフクラブへの理解が一層深まることで、スイングが正しい方向に導かれ、みなさんのプレーに反映されるものと確信しています。本書をご覧になり、一日も早く、いいラウンドをする楽しさと難しさに浸れるゴルファーになってください。

森 守洋

ゴルフクラブの原理原則
Contents

はじめに ……………………………………………………………………………… *2*

序章
なぜ「クラブが主、体は従」で
なければならないのか？
ゴルフスイングはゴルフクラブが生み出す

ゴルフクラブの原則❶ ゴルフクラブは「引いて」使うもの ……………… *10*
ゴルフクラブを使うには、一に棒振り二に棒振り、
三、四がなくて五に棒振り！ …………………………………… *11*
ゴルフクラブの原則❷ ゴルフクラブは「偏重心」の道具である ………… *12*
クラブ意識を注入するとスイングは勝手に決まる ………………………… *14*
ゴルフクラブから攻めていけばどんな欠点もすぐに直る ………………… *14*
ゴルフクラブは先端に錘のついた長い棒 …………………………………… *16*
つまんだクラブは一定の周期を崩すことなく振り子運動を続ける ……… *16*
ゴルフスイングの振り子はグリップが支点の円運動の一部。
人間がやることは初動でクラブを引くだけ ……………………… *18*
手がベアリングのようにならないとクラブの振り子運動と円運動が妨げられる…… *20*
手が支点の振り子と首の付け根が支点の振り子 …………………………… *21*
ゴルフスイングを理解するなら振り子と円運動をイメージすれば十分 ……… *22*
プロのスイングとアベレージゴルファーのスイング……………………… *24*
クラブが先導すれば対応しきれないことにも対応できる………………… *25*

第1章
ゴルフクラブの特性
クラブが正しく動くとはどういうことか？

ゴルフクラブは先端が重い金属の棒、振ろうと思えば誰でも振れる ……………… *28*
ゴルフクラブの重心はヘッドの芯とグリップエンドを結んだ直線上にある ……… *28*
クラブシャフトはゴルフクラブの加速装置 …………………………………………… *30*
合わせにいく、当てにいく動きの正体はゴルフクラブを押すこと ………………… *31*
ゴルフクラブにはフェースの芯でボールをとらえて飛ばす工夫が施されている…… *33*
クラブのロフトには表示ロフト、リアルロフト、インパクトロフトの3つがある…… *35*
ゴルフクラブのライ角は二次元でなく三次元で考えないといけない ……………… *37*

アイアンやウェッジのライ角はアドレス時のフェース面の向きに影響する ………… 38

切り返しからインパクト近辺までのクラブの動きを観察してみよう ………………… 40

第2章

ゴルフクラブとグリップ

クラブを扱うのに不可欠なグリップの内圧変化とは？

グリップはベアリングのような役割を担う ……………………………… 48

ソールしてからグリップするとクラブの重心がとれない ……………… 50

自動的に「クラブの重心がとれた」状態でグリップできる
"重心アングルグリップ" ……………………………………………………… 54

アドレスのフェーススクエアよりインパクトのフェーススクエアが大事 … 56

グリップ内で圧力変化が起こっているとクラブを棒のように振れる ……… 58

手のひらとグリップの間に指が入るフィンガーグリップが最適 ………… 60

スイングのどの過程でグリップ内のどこに内圧変化が起きているのか ……… 62

スクエアグリップのグリップ内圧力変化 ………………………………… 68

ストロンググリップのグリップ内圧力変化 ……………………………… 70

ウィークグリップのグリップ内圧力変化 ………………………………… 72

グリップの内圧変化を感じるとクラブを邪魔しない方向がわかる ……… 74

第3章

クラブ目線で見たスイングの全貌

スイングは「棒振り」と「面合わせ」でできている

クラブを正しく使えているかいないかは
一にも二にも棒振りでクラブを引けているかいないか ………………… 78

棒振りは誰でもやっていることでゴルフスイングに特化した動きではない ……… 80

地面にあるものを棒で上から叩く動作は
スイングのバックスイング、ダウンスイングと同じ ………………… 82

棒振りの要領でダウンスイングすれば
手元とクラブヘッドに時間差ができてシャフトがしなる …………… 84

L字型のパイプを持つと重心をとることと
空中に重心があるものを振る感覚が養える ………………………… 86

右回りのスイングは引く動き、左回りのスイングは押す動きになる ……… 88

右回りに描かれる円の位置はゴルファーによって微妙に変わる ……… 90

右回りの円をどの向きに描くかでスライスやフックを打ち分けられる ……… 94

体が中心のスイングから円弧の形成が第一のスイングへ ……………… 96

振り子の支点さえあればラウンドをする上でいささかの障害もない …………………… 98
プレーヤーが受け身になりきれないとクラブにエネルギーが行き渡らない ………… 100
スイング中にフェース面の向きを変える「面合わせ」でボールを打ち分ける ………… 102
重心の近くを持って打ってみると面は容易にコントロールできる …………………… 104
テークバックからトップはショットの成否を決定づけるファクターではない ……… 108
「体をこう動かそう」とかは考えず、その場で右手でボールを引っ叩く ……………… 110
クラブの邪魔をしない感覚を体に染み込ませるには「夜の素振り」が有効 ………… 112

第4章

スイングはクラブがリードする
クラブ目線でスイングすれば直したい動きがすぐ直る

カットやアウトサイド・イン軌道を直すにはアドレスでフェースを閉じる ………… 114
グリップ支点の振り子が機能していればアーリーリリースにならない ……………… 116
クラブを引っ張り続けることがタイミングよく切り返す条件 ………………………… 118
スピーディーな連続素振りでグリップの内圧変化を感じよう ………………………… 120
クラブの動きに任せてスイングし体でバランスをとればプレーンはブレない……… 122
グリップの急激な減速がアーリーエクステンションを生む …………………………… 124
左手を作ろうとするほど無駄な動きが多くなる ……………………………………… 126
腕遅れが原因のフックは腕しか振れない状態でスイングすれば直る ……………… 128
クラブが上がりきる直前に手元を戻して"行き別れ"状態にする …………………… 130
テークバック時のエネルギーがクラブを上昇させる原動力 ………………………… 132
スプリットハンドグリップで振るとレイトリリースの感覚がつかめる ……………… 134

第5章

クラブ目線でラウンドする
スイングを磨いてもスコアがよくならない理由

クラブ1本でゴルフを覚えてレジェンドになったセベ・バレステロス ……………… 136
振り子の等時性＝スイングの周期はシャフトの長さによって変わる ……………… 136
クラブ目線でラウンドするとボールのライと打ちたい球筋が重要になる ………… 139
ロフトとライ角の観点からクラブを見られると
クラブマネジメントがガラッと変わる ………………………………………………… 140
長い番手で右に飛ぶようなら、まずはテンポをチェックする ………………………… 141
フェアウェイウッドやユーティリティもクラブ目線に立てば普通に打てる ………… 142

円弧が右にズレて起こるダフリはヘッドを閉じた素振りで止まる ……………………142
ボールがつかまらないときはトップラインをスクエアにセット ……………………143
打つ前に右手一本で素振りをするのがおすすめ ……………………144
プロがアプローチで寄るのはクラブの機能を使い ……………………146
"ゾーン"で打っているから

第6章

「クラブが主で、体が従」
マスターメニュー

MENU 1 クラブヘッドの動きを観察してヘッドの残像を頭にとどめよう …………148
MENU 2 ヘッドを置き去りにしてテークバックする「犬の散歩」 ……………………150
MENU 3 右手の親指、人さし指、中指でクラブをつまむように持って振る ……152
MENU 4 左腕の付け根の位置が変わらないよう左手一本でスイング ……………153
MENU 5 右足を一歩後ろに引いた体勢でボールを打つ ……………………154
MENU 6 インパクト以降で右手を離し、クラブに軌道を作ってもらう ……………155
MENU 7 右手に持ったボールを地面に投げつける ……………………156
MENU 8 スイングでもホースを振るように自然に腕を振ればいい ……………………158
MENU 9 バットスイングのようにクラブを水平に振る ……………………160

第7章

ゴルフクラブの基礎知識と
クラブにまつわるあれこれ

ゴルフクラブの種類

ドライバーとフェアウェイウッドは飛距離を稼ぐクラブ ……………………162
ユーティリティはその名の通り「役に立つ」機能が満載のクラブ ……………………162
マッスルバックから中空まで作りが豊かなアイアン ……………………164
バラ売りのウェッジはロフト角の違いで選ぶのが一般的 ……………………165

クラブヘッドの重心

打球の上がりやすさに影響する重心高と重心深度 ……………………166
重心距離はヘッドの回転速度、重心角はフェースの開閉に影響する ……………………168

バルジとロール
フェースについたラウンドのことで、水平方向がバルジ、垂直方向がロール ……170
バルジとロールによってもたらされたギア効果 ……172

シャフトフレックス
クラブシャフトのフレックスには統一された基準がない ……173
しなるだけでもダメ、ねじれるだけでもダメ。双方のバランスが大事 ……174

慣性モーメント
慣性モーメントが大きいと回転しているものは止まりづらく、
静止しているものは回しづらい ……176
3つの慣性モーメントが打球にもたらす影響とは？ ……178

スピン
ボールが高く上がるのはロフトに加えてバックスピンがかかるから ……180
インパクト時のフェース向きとボールのスピン軸の関係 ……180
打球を左右に散らさないためにはまずスイング軌道、
次にインパクト時のフェース向きに注目する ……182

スイングバランス
クラブの総重量に対するヘッド重量の割合 ……184

飛びの3要素
ボール初速、打ち出し角、スピン量の組み合わせで飛距離が決まる ……186
ヘッドスピードが遅ければ、
やや高い打ち出し角＆スピン量が多めだとキャリーが出やすい ……188

おわりに ……190

QRコード動画解説
本文中に20タイトルの動画がついています。
スマートフォンやタブレットで読み取ってご覧ください。

（注）●一部『ゴルフスイングの原理原則』の動画を掲載させていただいております。
　　　●別途通信料がかかりますので、通信料がかからないWi-Fi環境でのご視聴をおすすめします。
　　　●動画を見る機種、ソフト、アプリによって操作方法等が異なる場合があります。
　　　　操作方法等のご質問には対応できないことをご了承ください。
　　　＊QRコードは(株)デンソーウェーブの登録商標です。

序章
Prologue

なぜ
「クラブが主、体は従」
でなければ
ならないのか？

ゴルフスイングは
ゴルフクラブが生み出す

ゴルフクラブの原則❶
ゴルフクラブは「引いて」使うもの

　これからゴルフクラブについて考察していきますが、話をわかりやすくするために、はじめにゴルフクラブを正しく使うための結論をお伝えしておきます。それは、

　ゴルフクラブは「引いて使うのが原則」ということです。

　街でよく見かけるキャリーケースなどは、押して使うより引いて使うほうが、真っすぐスムーズに動かせます。ゴルフクラブを地面に置いたときでも、押すより引くほうが、動かしたい方向に素速く動かせます。

　これらの道具には共通項があります。**どれも重心が持ち手である手元から離れたところにある**ことです。

　重心を簡単に言うと「物体の中心」です。
　ある物体を、その重さと重力を考慮したある一点で支えたときに、物体全体を支えられるところが重心です。
　密度が均一の一本の棒の重心は、その真ん中に位置しています。でも、ゴルフクラブの場合、先端にヘッドがついていて重くなっているため、重心は先端側に位置します。
　つまり、キャリーケースなどと同様、持ち手である手元から離れたところに重心がある物体なので、引いて使うほうが扱いやすいのです。
　どんな物体でも引っ張る場合は、力の方向が物体の移動方向に一致しやすく、重心を効率的に動かせます。逆に押す場合は、力が物体の重心からずれると回転や不安定さが生じ、動きにくくなることがあります。ですので、ゴルフクラブは「引いて使わなければいけない道具」なのです。
　実際、私のレッスンでは上記の例などを引用し「ゴルフクラブは引いて使うもの」という説明から入ります。これがゴルフクラブを理解し、扱うにあたって一番大事なことであり、同時にゴルフクラブを「押して」使ってしまっているアベレージゴルファーの方が圧倒的に多いからでもあります。

ゴルフクラブを使うには、一に棒振り二に棒振り、三、四がなくて五に棒振り！

この後の内容でも度々出てきますが、右手で棒を持ち、先端でなにかを引っ叩くときに、棒を押して使う人はいません。クラブを逆さまに持ってやっても同じことで、これが「引いて使う」ということ。老若男女、誰もなにも教えていないのに、みんな例外なくこうします。

決して大袈裟でなく、ゴルフスイングでもこれと同じことができるかが、運命の分かれ道になります。

私はこの動きをシンプルに"棒振り"と呼んでいます。ゴルフクラブを使うには、一に棒振り二に棒振り、三、四がなくて五に棒振りです！

なぜここまで力説するかというと、棒振りのようにクラブを引いて使えると、勝手にスイングプレーンが形成されるからです。

言うまでもなく、スイングプレーンはスイングを作っていく過程で必ず出てくるキーワードで、プロ、アマ問わず、理想のプレーンに近づけることに四苦八苦している人が山ほどいます。

なぜ多くのゴルファーがスイングプレーンで躓いているのかというと、ゴルフクラブのフェース面をボールに合わせにいくからです。フェース面を合わせようとするとクラブを「引く」のではなく「押す」動きが入るので引き続けることができません。押すことで、我々が発する力とクラブの重心がズレてクラブスピードが減速し、プレーンがブレることは容易に想像できると思います。

もしかしたら、あなたもその渦中にあるかもしれませんが、シンプルな棒振りさえできれば、その悩みはたちどころに消えてなくなります。

ただ、だからといってフェースの面を合わせることが不要というわけではありません。肝心なのは身につける順番で、**まずは棒振りでスイングプレーンを整えること**。みんなフェース面を合わせることを先にやり、それで球を打つことを覚えてしまう。フェース面を気にしてるうちはいつまで経ってもプレーンが定まりにくいのです。

クラブという物体を引いて使い、プレーンが決まってくるとフェース面はそうそう狂いません。また、打ちたい球筋によってフェース面をコントロールすることも大して難しいことではなくなります。極端に言うと、ゴルファーがやるべきことはプレーンを形成することだけで、あとはゴルフクラブに任せておけばいいのです。

Prologue

なぜ「クラブが主、体は従」でなければならないのか？／ゴルフスイングはゴルフクラブが生み出す

ゴルフクラブの原則❷
ゴルフクラブは「偏重心」の道具である

　私は18歳で渡米して同地でゴルフを学び、帰国後、陳清波プロに師事しました。でも、先生の教えてくれるような動きがなかなかできませんでした。陳先生は目を見張るほどうまいのに、なぜなのか？　なぜ先生は、あんなにもクラブをコントロールできるのか、と思い悩んだ挙げ句、私は先生のスイングを見るのをやめ、クラブの動きだけを見るようにしました。イメージ通りのボールが打てるようになったのはそれからのこと。以来ゴルフのレベルがどんどん上がっていきました。

　その後、うまい人のスイングもたくさん見るようになり、クラブの動きが一緒ならストンググリップだろうがウィークグリップだろうが、アドレスがどうだろうが、クラブの動きが同じなら関係ないのでは、という思いを強くし、その考えのもとでレッスンをしていましたが、確信めいたものはまだありませんでした。

　そんなある日のこと、かれこれ15年くらい前でしょうか。ゴルフ雑誌で私のレッスン記事を載せていただけるようになった頃ですが、当時やっていた私のブログに、静岡県在住の伊藤英剛さんというアマチュアの方から次のようなメッセージをいただきました。

　"ゴルフクラブの重心がズレていることを僕はずっと昔から言い続けています。クラブの重心がズレているからこそ、アベレージゴルファーはゴルフがうまくならないと思うのですが、ゴルフクラブについて語ってくれるコーチはいないし、そのようなレッスンもありません。何人かのプロコーチにも動画を送って説明しましたが、残念ながら無視されています。重心が外れないようにクラブを使えばゴルフはもっと簡単だと思うのですが"

　伊藤さんはクラブの重心さえ合わせれば、右打ちも左打ちもできると続け、打っている動画まで送ってくれました。確かにボールは打てていて、しかも真っすぐに飛ばしておられました。

　メッセージや動画を見て「何なんだろう、この人は？」と思いました。私は当時から、体の動きやポジショニングなど、いわゆる"カタチ"にアプローチするスタイルのレッスンではなく、道具の使い方であり、ゴルフクラブの使い方さえ身につければ、どんな人でも上達させることができる、という思いでレッスンをしていました。いわばクラブ目線のレッスン。右に重心のあるクラブが左へ移動する場合に、どう動くのが自然なのかを伝えていました。今は当たり前に使われている偏重心という言葉は私が作ったので

すが、レッスン業界では全く知られていなかったのです。

偏重心とは、読んで字の如く重心が偏っていること。偏重心であるゴルフクラブの使い方については、この後の第1章で詳しく紹介しますが、ゴルフクラブはパッと見では偏重心たる正体がわからないところがポイントです。

たとえば、アドレスでは当然のように誰もが打ちたい方向にフェースを向けます。ゴルフクラブはヘッドの座りがよくなる、すなわちフェースを目標に向けやすいようにソールがデザインされていますからなおさら。ある意味**フェースやソールに騙されてしまい、誰も偏重心であることに気づかない**のです。

メッセージを拝見した限りでは、伊藤さんはそのことに気づいておられていたよう。これは面白そうだと思った私は、すぐさま伊藤さんに会いに行きました。そしてシャフトに対してヘッドの重心を合わせること、ゴルフクラブにとっての本当の真っすぐ、といったことについて伊藤さんの考えを聞かせていただきました。

実際、伊藤さんはクラブに線を引き、そこにシャフトのラインを合わせたりしていました。簡単に言うと、どこでクラブを握ればゴルフが簡単になるのかを独自に考え実践していて、それを私に説明してくれました。

それを聞いてハッとしました。ゴルフクラブが偏重心という発想はあっても、クラブにとってどこが真っすぐなのか、とまでは考えていなかったからです。

ゴルフクラブは偏重心の道具なので、ヘッドを地面にポンと置いたらヘッドは右に傾きます。それを見ると「何だかおかしいな」と疑念をもつ人もいると思いますが、いざクラブを持つとフェースが真っすぐになるように持ちたがります。偏重心を度外視してしまうわけです。

それでフェースターンとダウンブローという組み合わせのレッスンをして注目されたのですが、伊藤さんはそれを見て、重心の話をしている私ならわかってくれるかもしれないと、ダメもとでメッセージをくれたのだと思います。そこで私が"うわっ！"と思って会いに行ったので、さぞかし驚かれたでしょう。

私はシンプルに道具としての重心をとらえるということに気づかせてもらいました。クラブの重心が理解できれば"フェースターンを意図的にしなければ"と考えることもありませんし、グリップがなんでもいいことの証左にもなります。ごく普通のおじさんゴルファーが考えるクラブの使い方を聞き、ゴルフクラブとスイングのあるべき関係について、さらに一歩踏み込めたのです。一番大切なことに気づかせていただき、私に大きな転機を与えてくれた伊藤さんにはとても感謝しています。

Prologue

なぜ「クラブが主、体は従」でなければならないのか？／ゴルフスイングはゴルフクラブが生み出す

クラブ意識を注入するとスイングは勝手に決まる

　私はプロゴルファーのツアーコーチもやっていますが、やはりコーチングを求めるプレーヤーは、当然のごとく調子が悪いためにコーチを求めてくるわけです（ツアープロといえども）が、ここ何年かでシードを失い、私のところから復帰していったプレーヤーたちは、全員悪くなったパターンが一緒です。すなわち、**小さい頃から無意識下、潜在意識下にあったゴルフクラブへの意識がなくなっていました。**

　一般的なコーチングではもっぱら、見た目の影響やスマホに現れるような映像を変えようとします。そこでなにを変えるかといえば体の動きで、大抵はスイングのポジショニングを問題視します。

　しかし、それによって本来プロが持ち合わせている優れたクラブ意識、手の中でフェース面を管理するとか、棒を振るとかいう感覚が薄れてしまいます。それが不調になる一番の原因。要は、感覚よりも"カタチ"にこだわって修正しようとします。トッププロでさえそうなのです。

　私の仕事はそれを元に戻すだけ。「体とかどうでもいいですよ」と伝え、もともともっているクラブ意識を高めてもらいます。

　アベレージゴルファーの方の場合はもともとのクラブ意識がありません。形（ポジショニング）から入らなければいけないことが多いので、どうしても体の動きに偏重します。その場合、私の仕事はクラブ意識を注入してあげること。するとスイングが勝手に決まってきます。

　布団やインパクトバッグを叩くときに、体を合理的に使える人はきれいに見えたりしますが、動作そのものに変わりはないので誰がやっても同じ。**正しく道具を使おうとすれば、そうそうエラーは起きない**ので、意識の入れ方を変えるだけで運動パターンはガラッと変わるのです。

ゴルフクラブから攻めていけばどんな欠点もすぐに直る

　プロ、アマを問わず、ほとんどのゴルファーは、体のサイドからアプローチしてスイングを考え、構築しています。

　私のところに来たあるプロも、潜在意識ではクラブ意識、クラブ感覚があったからトッププロになったのですが、調子が悪くなったときに身体意識ばかりで修正しようとしていたために、クラブ感覚がなくなっていました。

そんな人にまずなにをやってもらったかといえば、ピッチングウェッジでターフを取ること。ところがこれが全然取れない。ある意味天才なので、何度振っても最下点できれいにボールだけを拾ってしまうのです。

どんなことをやってもいいから、といってやったところ、やっと取れるようになったのですが「取れるまで帰らせない」と言ってから１時間くらいかかりました。

やったのはターフを取ることだけですが、それだけでクラブ意識が高まりました。ターフを取れなかったのは、体だけでスイングを考えていたからです。

こうなればターフを取らないのは容易いこと。今はティアップしたボールをスパスパ打って調整しています。スイング軌道は毎回安定していますから、ティアップしたボールを打ってヘッドが入る高さをコントロールしているだけです。その選手はおそらく「体をこう使えばターフが取れる」と理解したのだと思いますが、それはそれで問題はありません。**クラブ意識さえ戻れば、理解の仕方は人それぞれでいいのです。**

また、あるトッププロはアメリカ発の打法を取り入れ、そのアクションを盛んにやっていました。トーナメントのスタートホールのティイングエリアでもやっていましたが、いざティショットを打つとスイングは従来の美しさのまま。取り入れているはずの打法の要素など微塵もありませんでした。

それを見たとき「だからこの人は超一流なんだ」とつくづく思いました。顕在意識で「体をこう使うぞ」と一生懸命やっているのに、クラブを持ったとたんに潜在意識にあるクラブ感覚が新打法の体の動きを作らせず、一番きれいなクラブの動きで打っている。本人的にはめちゃくちゃ変えていると思いますが見た目は全然変わっていないのです。

プロは「スイングを変えようと思ったら、めちゃくちゃ変えないとダメ。そんなに甘いもんじゃないよ」などと言いますが、私から見たらそうではなく、あなたたちは変わらないからうまいんですって話です。

ここはプロとアベレージゴルファーで決定的に違う部分ですが、**アベレージゴルファーの方の欠点はすぐに直せます。本能を呼び覚ませばいいだけだからです。**直せない人はいないと言っていい。こう自信をもって言えるのはゴルフクラブから攻めるからなのです。

ゴルフクラブは先端に錘のついた長い棒

　前置きが長くなりましたが、ここからが本題です。

　私は常日頃から「クラブが主、体は従」「クラブは殿様でゴルファーは家来」などと言い続けています。

　この本ではクラブの動きや働きにスポットライトを当てて、これらのフレーズの正当性を検証していきますが、スイング中のクラブの動きを見ていく前に、なぜクラブが主で、体は従でなければならないのかを説明しておきます。

　これはクラブについてだけでなく、ゴルフスイングの根幹にも関わることなので、ぜひ頭の中に入れておいてください。

　拙著『ゴルフスイングの原理原則』の中でも触れましたが、ゴルフスイングは実際にはきわめて複雑な運動学的プロセスを包含していますが、その本質を簡潔に抽象化するならば、振り子運動の原理によって構成されていると表現できます。

　言うまでもありませんが、振り子運動とは、先端に錘のついた棒状のものや紐が一点で支えられ、その一点を中心に一定の周期で振動する運動のことです。

　ゴルフクラブは、そのものズバリ、先端に錘のついた棒です。これを一定の周期で振幅させるとゴルフスイングの一部になることはご理解いただけると思います。このことからも、スイングは振り子運動であることがわかります。

つまんだクラブは一定の周期を崩すことなく
振り子運動を続ける

　では、具体的に見てみましょう。右ページ上段の写真のように、グリップエンドを片方の手の指でつまんでクラブヘッドが垂れ下がる状態にします。

　次に、つまんだところが動かないようにクラブを左右に揺らします。こうするとクラブはグリップエンドを支点に、一定の周期で振り子運動をはじめます。

　このとき、人はなにもしなくても、クラブは勝手に動き続けます。慣性が働いて勝手に振り子運動をするのです。空気抵抗など、目に見えない外からの力（外力）が働くため、振り子の振幅は徐々に小さくなって最後には停止しますが、外力がなければ慣性によって永久に動き続けます。

　この振り子運動を続けるのに体力は必要ありません。その気になれば、いつまでもクラブの振り子運動を継続することができます。

繰り返しますが、ここでは人は支点を作っているだけで、完全に受け身の立場にあります。動いているのはクラブだけ。主役はクラブで人は脇役ということで、これがゴルフスイングの原型になります。

さらに、片手の指でつまんでいたグリップエンドを両手の指でつまんで、同じようにクラブを揺らしてみてください（下段写真）。力をかけなければ、片手でつまんだときと同じように、振り子は一定の周期を崩すことなく動きます。スイングの根幹を成すのはこれ。一定の周期で行われるゴルフクラブの振り子運動です。支点をもったクラブそのものが振り子運動をするわけです。

なぜ「クラブが主、体は従」でなければならないのか？／ゴルフスイングはゴルフクラブが生み出す

グリップエンドを片手の指でつまんで左右にブランブラン
グリップエンドを片手の指でつまみ、クラブヘッドが垂れ下がった状態にしたら、つまんだところが動かないようにクラブを左右に揺らすと、グリップエンドを支点にクラブは一定の周期で振り子運動をはじめる

■動画で解説

両手の指でグリップエンドをつまんでクラブを揺らす
両手の指でつまんでも、力をかけなければクラブは一定の周期を崩すことなく振り子運動をする。スイングの根幹を成すのはこれで、クラブそのものが振り子運動をすることだ

ゴルフスイングの振り子はグリップが支点の円運動の一部。人間がやることは初動でクラブを引くだけ

　しかし、振り幅の小さい振り子運動だけでは、ボールを引っ叩いて遠くに飛ばすことはできません。ボールを飛ばすには、振り子の振り幅を極限まで大きくする、すなわち円運動に近づけなければなりません。**ゴルフスイングにおいて、振り子は単なる振り子ではなく円弧でもある。すなわち円運動の一部で、円を描くには初動でクラブを引くことが欠かせません。**

　道具を使ってモノを叩こうとすると、多かれ少なかれ円運動が入ります。たとえばトンカチで釘を打つときや、布団叩きで布団をパンパン叩くとき、本人は直線運動のイメージでも実際には手首を支点にして引き、トンカチや布団叩きの先端が円を描くように動かして釘や布団を叩きます。

　クラブを扱うときも同じで、本人は直線的に動かすイメージでも、クラブは円を描くわけです。そして、振り子の振り幅がだんだん大きくなり、クラブヘッドが大きな円弧を描くようになると、ヘッドの移動距離が大きくなり、クラブのスピードが増して大きなエネルギーを得られます。

　ただし、前項でやったように、グリップエンドの端を指でつまむだけではエネルギーを湛えたクラブを支えきれませんから、クラブに引きずられないように支える必要が出てきます。

　ここで重要な役割を担うのがグリップです。

　まずは右手でクラブを持ち、右手を支点にして、前項でやったように振り子運動をさせてみましょう。それができたら、同様に右手を支点にしたまま、クラブヘッドが円を描くようにクラブをぐるぐる回してください。同じことを左手でも行い、最後に両手で持ってやってみましょう。（右ページ写真）なお、スイングにおけるクラブの円運動は、右回り（自分から見て時計回り）の円運動なので、クラブを持ってぐるぐる回すのも右回りだけやればOKです（詳細は後述します）。

　これがスイングの基本となるクラブの動きになりますが「体は従」ですから初動を除けばプレーヤーが能動的にクラブを動かしているわけではありません。すなわち、クラブを持った手（手首）もクラブによって動かされている。これも後に詳述しますが、手で押さえ込んでクラブを操るのではなく、**手はあくまでジョイント部分でベアリングのような役割を果たしています。**

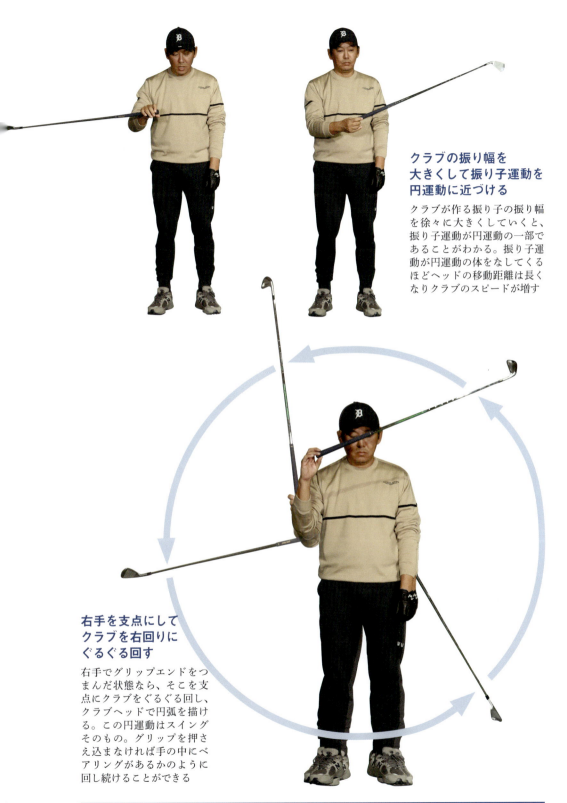

Prologue

なぜ「クラブが主、体は従」でなければならないのか？／ゴルフスイングはゴルフクラブが生み出す

クラブの振り幅を大きくして振り子運動を円運動に近づける

クラブが作る振り子の振り幅を徐々に大きくしていくと、振り子運動が円運動の一部であることがわかる。振り子運動が円運動の体をなしてくるほどヘッドの移動距離は長くなりクラブのスピードが増す

右手を支点にしてクラブを右回りにぐるぐる回す

右手でグリップエンドをつまんだ状態なら、そこを支点にクラブをぐるぐる回し、クラブヘッドで円弧を描ける。この円運動はスイングそのもの。グリップを押さえ込まなければ手の中にベアリングがあるかのように回し続けることができる

手がベアリングのようにならないと
クラブの振り子運動と円運動が妨げられる

　ためしにクラブを強めに握り、クラブを押さえ込んで同じことをやってみてください。片手でも両手でも構いません。

　この状態のままクラブヘッドで円を描こうとすると腕ごと動かさなければならず、この時点で手は支点の役割を果たしません。そうしない場合も、クラブの力によって支点は若干動くかもしれませんが、それとは比べものにならないくらい支点が大きくブレてしまいます。

　クラブを押さえ込むと体が揺さぶられ、クラブヘッドがスムーズに円を描けないのです。

　このことからわかるのは、スイングではクラブをギュッと押さえ込まず、手がベアリングのようにならないと、ご主人様であるクラブの振り子運動および円運動を妨げてしまうということ。かねてから私は**「釘が打てればゴルフはできる」**と言っていますが、それはこのことを指します。

　押さえ込んで手首の稼働を制限してしまったらトンカチは効率よく動かず、釘を打ち込むのにとんでもなく手間がかかります。クラブを扱うときもトンカチを扱うときも、人は受け身でなければならない。主役はあくまでトンカチであり、クラブなのです。

■動画で解説

手でクラブを押さえ込むとクラブの振り子運動と円運動ができない
写真のようにクラブを握り手首でクラブを押さえ込んだ状態で振り子運動および円運動をやってみよう。振り子はぎこちなくなり、無理やりクラブヘッドで円を描こうとすると腕ごと動くことになる

手が支点の振り子と首の付け根が支点の振り子

さて、手を支点にしてクラブに右回りの円運動をさせるだけでもボールは打てますが、ゴルフスイングでは、もうひとつの振り子を組み合わせることでクラブの出力を上げ、より遠くにボールを飛ばします。

その振り子とは脊柱（背骨）の上部、首の付け根あたりを支点にして、肩から先を揺する振り子です。クラブヘッドが振り子の錘であることに変わりはありませんが、ここでは肩から先が振り子の柄になります。そのためクラブの運動量がさらに大きくなり、強くボールを叩くことができます。これがいわゆるボディターンといわれる動きにつながるわけです。

こちらの振り子も具体的に見ていきましょう。

まず、両腕から力を抜いて手を真下にダランと垂らし、腕の重みを感じてください。あとは首の付け根を支点にして、両腕を左右にブラブラ揺するだけです。

次にクラブを持って同じように動きます。こうすると、両肩・両腕とクラブヘッドを結んでできるY字が、左右にゆったりと揺れる振り子運動になります。

便宜上、手が支点の振り子を「第一振り子」、首の付け根が支点の振り子を「第二振り子」と呼んでいます。

第一振り子と同様、第二振り子も円運動の一部です。首の付け根からクラブヘッドを結ぶラインを半径とする円を描くと考えればいいでしょう。

脊柱（背骨）の上部、首の付け根あたりを支点にして動く振り子

スイングでは手が支点の振り子に加え、首の付け根あたりが支点になる振り子も同時に稼働する。この振り子では、両肩・両腕とクラブヘッドを結んでできるY字が、左右にゆったりと揺れる

左の振り子をイメージできていないと、スイング中に上体が大きく左右に揺れて傾く

Prologue なぜ「クラブが主、体は従」でなければならないのか？／ゴルフスイングはゴルフクラブが生み出す

ゴルフスイングを理解するなら
振り子と円運動をイメージすれば十分

ゴルフスイングは、2つの振り子の組み合わせでできています。クラブを持った状態で、再び第二振り子を揺らしてみましょう。前項で記したように、押さえ込まないようにクラブを持ち、第二振り子を発動します。

そのまま徐々に振り幅を大きくしていくと、同時に第一振り子も発動してY字が変形し、手の運動量に対してクラブヘッドの運動量がどんどん大きくなっていきます。手元が物体を引き続けているので、まるで意志をもっているかのように、クラブヘッドが勝手に動き出すのです。こうなっていれば「クラブが主、体は従」の関係になっています。

これに対し、クラブを押さえ込んで第二振り子を発動すると、振り幅を大きくしても第一振り子が発動せず、手とクラブヘッドの運動量がほぼ同じままです。これは「家来がご主人に楯を突いている＝ゴルファーがクラブを支配している状態」で、第二振り子を作ったときにできたY字が変形することなく動き続けます。

ゴルフスイングは2つの振り子の組み合わせでできている
手が支点の振り子と首の付け根が支点の振り子、2つの振り子をイメージしてスイングを始動してみよう。クラブのグリップ部分を押さえ込まないようにしていれば、始動では若干ヘッドが置き去りになる感じになり、切り返すと再びヘッドが遅れて下りてくる。振り幅が大きくなるにつれて、手の運動量／

これでもボールは打てますが、ヘッドスピードが上がらないので遠くには飛ばせません。なんとか飛ばそうとして第二振り子を無理やり大きくすると、首の付け根の支点がズレます。するとクラブヘッドが描く円弧が乱れて円運動に支障をきたします。とりわけダウンスイング以降でのズレはスイングにとって致命的なので、そうなった段階でミスが確定します。

ゴルフスイングを頭で理解するなら、第一と第二、2つの振り子の存在だけイメージできれば十分です。

バックスイングやトップ、フォローやフィニッシュにおける**ボディアクションは、2つの振り子の延長線上にあります。振り子の振り幅が大きくなって円運動に近づくと、意図しなくてもゴルフクラブが動いているエネルギーは大きいので、胸や腰は勝手に動きます。**その形はもはやゴルフスイングそのものです。それもこれも、ご主人であるクラブが生み出しているのです。スイングという英語には「揺れる」という意味がありますが、これは体が揺れるだけではなく、クラブが揺れることも指しているのだと思います。

Prologue

なぜ「クラブが主、体は従」でなければならないのか？／ゴルフスイングはゴルフクラブが生み出す

■動画で解説

手に対してクラブヘッドの運動量がどんどん大きくなっていく。これが「クラブが主、体は従」の状態。クラブを押さえ込むように握ってしまうと、手とクラブヘッドの運動量が変わらずヘッドが走らない

プロのスイングとアベレージゴルファーのスイング

プロゴルファー、とりわけツアープロと呼ばれる賞金稼ぎたちのスイングでは、第一振り子と第二振り子がしっかり連動し機能しています。クラブの動きを尊重し、プレーヤーはその動きを妨害しないようにしています。

「ボールを当てにいく」という言い回しがあります。たとえば、ボールにちゃんと当たるか心配で、フェース面をボールに合わせにいくような動きのことです。

これはアベレージゴルファーに多く見られる動きで、このようにするとインパクトでヘッドスピードが減速します。プロの場合、飛距離やスピン量をコントロールするときに、意図してヘッドスピードを落とすことはありますが、合わせにはいきません。

傾向的にプロは、アプローチやパットなど運動動作が小さく、ゆっくりとしたテクニックを使うことでイップスになる人が多い。逆にアベレージゴルファーの方は、ドライバーをはじめとした、大きく動くスイングでイップスのような症状に陥りがちです。プロは動かないことで、アベレージゴルファーは動きすぎることで、おかしくなるのです。

これも、体は従になれていないあかしだと思います。**クラブが正しく動いているプロのスイングは、クラブに動かされる受動的な部分が大半で、体はその邪魔をしない**。いわばスイング時にバランスをとる役割を多く担っているため、誤った動きが入り込む余地が極めて少ないのです。

これに対し、**アベレージゴルファーは自分でなんとかしようとします。うまくいかないときほどそうなる**。つまり、クラブを支配する方向にどんどん傾いていき、余計な動きばかり目立つようになります。

その証拠に、プロのスイングはコンパクトに見えます。その場でクルッと回ってヘッドがビュンと走る感じで無駄がありません。一方、アベレージゴルファーの方は、体がたくさん動いている割にクラブヘッドの運動量が少ない。

これは振り子運動における支点が確保されているか、いないかにも関わります。プロの動きが小さく、静かに見えるのは、アベレージゴルファーに比べて圧倒的にクラブを引いて使い、支点が動かないからです。振り子運動にとって支点が欠かせない存在であることを思えば当然のことです。

クラブの家来になることは、スイングの再現性の面から考えても有益です。そもそも、当てにいく動きを続けていたら再現性など望むべくもありません。毎度同じように当てられたら驚くべき身体能力。基本的には体の動きが大きすぎると、運動の再現性は損なわれる一方です。

その点、**クラブの動きを尊重すれば、ある程度の再現性が担保されます**。このことからも、**なるべくクラブに従い、自分ではなにかをしないスイングを目指すべき**なのです。

クラブが先導すれば
対応しきれないことにも対応できる

　興味深いのは、ゴルフクラブを扱うプロフェッショナルであるプロゴルファーと対極に位置する、ゴルフをやったことのない子どもたちや女性に、プロと同じようにクラブを扱えている人がたくさんいることです。

　これはひとえに、ゴルフスイングに欠かせないものが、運動神経やパワーではないことを示しています。なにが必要かといえば、クラブという道具の使い方を知ること。クラブに慣れることと言ってもいいでしょう。

　クラブはおろか、モノを振った経験がほとんどない人たちには、スイングの概念がありません。カッコよくスイングしようとか、ちゃんとボールに当てようとかいう雑念がないのでクラブ任せで動きます。

　子どもたちやビギナーの女性たちは、みな共通してクラブを重く感じています。重いものは容易に振れませんからクラブを引くしかありません。ですから、クラブが動きたがる方向に動くしかない。その間、自分はなにをやっているかといえば、バランスをとっているだけ。重いクラブに振り回されっぱなしでは、ちゃんと立つこともままなりませんから、ヨロけないよう本能的に足を踏ん張ったりしています。

　実はプロも同じことをやっています。体力があるぶん重いクラブを使っていたりするので、クラブに任せてスイングすると、それに見合った力が必要になりますが、そこはトレーニングなどでパワーアップしてちゃんとバランスをとれるようにしている。地力がつけば、より重いものが振れるようになってクラブに宿るエネルギーは増しますが、それに引きずられないパワーも必要となるわけです。つまるところ、子どもたちやビギナーの女性と比べて、自分のパワーやクラブのエネルギーが大きくなっているだけで、やっていることは同じなのです。

　みなさんはどうでしょう？　スイング中にクラブの存在や重さを感じているでしょうか？　たとえ全く感じていなくても心配はいりません。なぜなら、大人になってからゴルフをはじめた人の多くはそうだからです。要はまだクラブの使い方を知らずにいるだけで、使い方さえ身につけばショットの飛距離は伸び、コントロールもよくなります。

　クラブ目線でスイングを考えることは、できなかったことができるようになるという

ことです。視点を変えるだけで、体のどこかにかかっていたロックが外れます。

　人間には優れた身体感覚がありますが、常に安定しているわけではありません。体調や環境、季節やコースコンディションによって、いつもならできることができなくなることがあります。いつも自分が中心では限界があるのです。

　ツアープロも調子を崩すことがありますが、そんなときは大抵、体の動かし方やトップポジションなど、自分の体のことばかり考えていて原理原則であるクラブの存在を忘れています。トッププロでさえこうなのです。

　クラブ目線でスイングを考えると、このバラつきを減らすことができます。**物体であるクラブは、状況や環境に左右されることはありません。自分のコンディションがイマイチでも、常に一定の動きをしてくれます。** その意味ではとても頼りになる存在。クラブに先導してもらえば、自分では対応しきれないことにも対応できるのです。

「棒振り」のスイング

**クラブが主なら
ボールに合わせる動き
が入る余地がない**

上はコンパクトに見えるプロのスイング。クラブが主なのできれいな振り子運動でボールをヒットできる。下はアベレージゴルファーに見られるフェース面をボールに合わせにいく動き。インパクトでヘッドスピードが減速してクラブを生かせない

「合わせる」スイング

■動画で解説

第1章
Lesson 1

ゴルフクラブの特性

クラブが正しく動くとはどういうことか？

ゴルフクラブは先端が重い金属の棒、
振ろうと思えば誰でも振れる

　この章では、ゴルフスイングで主役を担うゴルフクラブが、どんな特性をもった道具なのかを解説します。

　ゴルフクラブはヘッド、シャフト、グリップ、わずか３つのパーツでできたシンプルな道具です。見た目そのまま、先端に錘のついた金属製の棒ですから、振ろうと思えば誰でも振れます。ただし、単純に先端側が重い道具、たとえば野球のバットのようなものとは異なったキャラクターです。

　バットは手元側から先端にかけて太くなっているものの、基本的には真っすぐの棒です。これに対してゴルフクラブは先端部にヘッドが付いているため、真っすぐではなく先が曲がったＬ字型の棒です。

　ゴルフクラブをはじめ、バットやテニスや卓球のラケットなど、ボールを打つための道具はいろいろあります。そしてそのどれにも、ボールが当たったときに一番よく弾くスイートスポットがあります。そこでボールをとらえることで強い球を打てたり、打球をコントロールしやすくなったり、遠くに飛ばすことができるわけです。

　スイートスポットは基本的に、道具の重心位置と一致しています。言うまでもなく重心とは、物体の重さの中心のこと。物体には必ず釣り合いを保てる点があり、その点で物体を支えると安定して静止します。そこが重心です。

　スポーツで使われる道具の多くは、重心が持ち手の延長線上に位置しています。一番わかりやすいのはバットのような真っすぐな棒状の道具。厳密に言うと、重心は棒の内部に位置していますが、持ち手の延長線上にあることは変わりません。

　これは棒状の道具ではないラケット類でも同じことで、持ち手の延長上に重心があります。ですから、そこにボールを当てるイメージが湧きやすいと言えます。

ゴルフクラブの重心はヘッドの芯とグリップエンドを
結んだ直線上にある

　ゴルフクラブの場合はどうでしょう。スイングでは、クラブフェースの芯でボールをとらえることを目指します。他の道具と同様に、スイートスポットであるフェースの芯と重心位置はほぼ一致しています（クラブヘッドには厚みがあるため、正確な重心位置はヘッドの内側＝フェースより右側に位置します）。

ところが、この重心は3つのパーツが合体したゴルフクラブそのものの重心ではなく、クラブの部品のひとつであるヘッドの重心位置です。**つまり、ボールをとらえる目安となる重心（スイートスポット）は、持ち手の延長上にはありません**。実は、これがゴルフクラブの特異な性格を知る上での重要なポイントになります。

クラブ全体の重心は、ヘッド内にも、シャフトにも、グリップにもありません。もし手元にクラブがあったら、グリップエンドをつまんでクラブをぶら下げてみてください。

重心が持ち手の延長線上に位置していれば、下げ振り錘（柱が真っすぐ立っているか確認するときに使う道具）のように、シャフトは垂直に垂れますが、クラブはそうならずシャフトが斜めになります。クラブの重心がどこにあるかというと、ヘッドの芯とグリップエンドを結んだ直線上。ヘッドでもシャフトでもない空中にあるのです。もちろん、そこでボールを打つことはできません。私はこの特性を踏まえ、クラブを「偏重心」の道具と名付けました。

要するに、**クラブそのものの重心位置でボールを打てない偏重心の道具であることが、他のスポーツで使う道具と大きく違うところで**、ある勘違いを生む原因になっている。そして、その勘違いがボールを打つことを難しくしているのです。

ゴルフクラブは重心位置でボールを打てない道具

グリップエンドをつまんでクラブを垂らすとシャフトは垂直にならず斜めになる。クラブの重心はヘッドの芯とグリップエンドを結んだ直線上の空中に位置している。これがクラブが「偏重心」の道具である所以

■動画で解説

Lesson 1 ゴルフクラブの特性／クラブが正しく動くとはどういうことか？

クラブシャフトはゴルフクラブの加速装置

　クラブシャフトはヘッドを加速させる役割を担っています。なぜヘッドの加速が必要かというと、ボールをより遠くに飛ばしたいからです。ヘッドスピードが上がるほど飛距離が出るのは、みなさんもご承知の通りです。

　ドライバーを筆頭に、**飛ばしたいクラブほどシャフトが長く、かつ大きくしなるのは、手元の運動量とヘッドの運動量のギャップをより大きくしたいから**。長いシャフトが大きくしなり、ヘッドが遅れて下りることでヘッドスピードが上がり、飛距離アップを望めるのです。

　このロジックは番手が短くなっても同じですが、アイアンやウェッジなど、飛距離よりも決まった距離を打つことが優先されるクラブでは、シャフトを大きくしならせてまでヘッドスピードを上げる必要がありません。また、短いほうがミートしやすいため、コントロールが重視される番手ほど硬く、短いシャフトが装着されています。ただ、硬さや長さの適正は個々で違いますから、体型やスイングタイプに合ったものを使うべきです。

　もちろん先端に重いヘッドがついていることもヘッドスピードを上げる要因のひとつです。

シャフトのしなりにより手元とヘッドの運動量のギャップが大きくなる

子どもの頃にやったことがある人もいる"デコピン"は、指を大きくしならせてからピン！と弾く動き。しならせることによって時間差が生まれてエネルギーが大きくなる。シャフトの使い方もこれと同じ。いかに手元とヘッドの時間差を作るかがスイングの勝負どころ

合わせにいく、当てにいく動きの正体は
ゴルフクラブを押すこと

　では、ボールを打つことを難しくしている勘違いとは何なのでしょう？ それはクラブヘッドの重心＝フェースのスイートスポットにボールを当てようとすることです。

　みなさんの中にも、スイングしてボールが思ったように飛ばないときに、フェースをボールに合わせるように当てにいったことがある人がいると思います。自覚している、いないにかかわらず、常にそうしている人もたくさんいます。

　そもそも当てたいと思うのはボールを真っすぐ飛ばしたいからで、これは「ボールを当てにいく」ことと同義です。

　スイートスポットである重心が、持ち手の延長線上にあるバットやラケット類であればそれでもいいでしょう。手や腕、体の動きが道具にダイレクトに伝わるからです。むしろ当てようとしたほうがいいのかもしれません。当てたいと思えば当たりますし、当たればボールをいろいろな形で打ち返すこともできそうですから。

　ゴルフクラブでもフェースのスイートスポットにボールを当てたいと思えば当てるこ

ボールを打つのはクラブ。大事なのはクラブの動き
最終的にボールを打つのはクラブ。クラブの動きを邪魔しなければクラブヘッドは正しく動き、ボールをきれいにつかまえてナイスショットが打てる

とはできます。しかし、それ以上は望めません。逆に言うと、当てることしかできない。そうなるとボールを遠くに飛ばせません。

　しかも当てるタイミングでフェースが右や左を向いていたら、スイートスポットにボールが当たっても真っすぐ飛びません。バットで言うならバント。ボールの勢いを利用せず、エネルギーを殺すような打ち方です。

　また、当てにいくと、インパクトに向かってヘッドスピードは減速します。真っすぐ飛ばしたいとフェースを目標方向に出そうとするのでなおさらです。気持ちはわかりますが、これは大きな勘違いです。なぜなら、前述したクラブの振り子運動を止めることになるから。ご主人様たるクラブの動きを邪魔してしまうのです。

　ゴルフクラブは重心が持ち手の延長上にないのに加え、他の道具より長いので、手元とクラブヘッドの動きに時間差が生じます。この時間差を利用する＝シャフトのしなりを使ってボールを弾き飛ばします。

ボールに合わせにいくと、この時間差は生まれません。合わせにいく人は時間差を使うことを自覚していない、すなわちシャフトを使っていないのと同じです。

インパクトでフェースの芯に当たっても真っすぐには飛ばない
当てにいってもインパクトでフェースが右や左を向いていたら、フェースの芯に当たってもボールは真っすぐ飛ばない。また、ヘッドスピードは減速する。当てにいくことで振り子運動が止まるからだ

ゴルフクラブにはフェースの芯で
ボールをとらえて飛ばす工夫が施されている

　ゴルフクラブの動きを阻害する「なにか」がなければ、誰でもちゃんとボールを打つことができます。「なにか」とは概ね、前項で記したボールに当てたいという思いや、ボールを当てにいく動き。これがあるとクラブが減速したり、グリップに急激に圧がかかってスイングの円弧が崩れます。心あたりがある人は、そう考えたり、そうしないことが、クラブを主にする条件になります。

　簡単に言うと、当てにいかず2つの振り子を組み合わせてクラブを振ること。

　クラブにはフェースの芯でボールをとらえて飛ばす工夫が施されていますから小細工は不要なのです。では、その工夫を見ていきましょう。

　クラブヘッドはその最たるものです。クラブはスイング中に回転しますが、それはヘッドが自然にターンするからです。ボールを当てにいってはいけないのは、ヘッドの自然なターンを止めてしまうからでもあります。

　フェースをボールに合わせにいくと、当然のごとくヘッドはターンしません。それでもフェースが真っすぐに当たれば、とりあえず真っすぐに打ち出せるかもしれませんが飛距離は望めません。合わせにいくと、振り子が崩壊してしまうので、そもそもの円弧が崩れます。

　また、そもそもクラブ自体が偏重心で重心が右に偏った物体です。ためしに、クラブヘッドをポンと地面に置いてみてください。**番手を問わず、ヘッド全体が右を向いてフェースが開きます。回転軸となるシャフトより外側かつ後ろ側に重心がありますから当然そうなる**のです。

　この事実だけを見ると、スイング中に自分の力でヘッドをターンさせる、つまり意図的にフェースを閉じきらなければならないと考えますが、クラブの動きを邪魔しなければその必要はありません。

　なぜなら、**クラブが円運動をするのに伴ってフェースは勝手に開閉するからです。**これがもっとも自然な開閉。二次元で直線的に考えるとフェースが開くように思えますが、実際には円弧は三次元で動くのでフェースターンが入るのです。ただし、これはクラブの構え方やグリップの握り方によって違いが出てきますので詳細は後述します。

重心をとった状態

クラブフェースはそもそも開く

クラブヘッドを地面に置くとヘッドは右を向いてフェースが開く。クラブの重心が回転軸となるシャフトより外側かつ後ろ側にあるからだ

重心をとってバランスよく置くとフェースは左を向く

右の写真は、クラブの重心位置を理解するために作ったダミークラブ。先端をU字に曲げた鉄の棒にクラブフェース状のもの装着している。重心をとって地面に置くと、フェース状のものは左を向く

 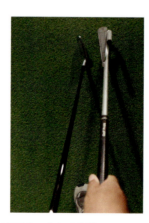

目標に対してフェースをスクエアにセットしても重心は右にかかったまま（左）。フェースを閉じることではじめて重心がとれる（右）

クラブのロフトには表示ロフト、リアルロフト、インパクトロフトの3つがある

ヘッドにはフェースがあり、フェースにはロフト角と呼ばれる角度がついています。ドライバーやフェアウェイウッド、ユーティリティといったクラブでは、クラブヘッドに表示されていることが多いため表示ロフトとも言います。シンプルにロフトと言った場合には通常、表示ロフトのことを指します。概ね9、10度などと表示されていますが、実際には13〜14度だったりします。なぜかわかりませんが表示ロフトが大きいと売れないようです。

ロフトには他にも、リアルロフトとインパクトロフトの2つがあります。

リアルロフトは分度器をヘッドにあてて直接角度を測った実測値です。市販されているドライバーの多くは、リアルロフトのほうが表示ロフトより大きく、その差も一定していません。もちろん両者が同一のクラブもあります。表示ロフトが同じ数字でも、リ

ドライバーの表示ロフト、リアルロフト、インパクトロフト
ドライバーのロフトはクラブヘッドに表示されていることが多い(写真左)。フェアウェイウッド、ユーティリティでも同様。リアルロフトはロフトの実測値。市販のドライバーはリアルロフトのほうが表示ロフトより大きい(写真右上)。インパクトロフトは、文字通りボールを打ったときのロフト角のこと(写真右下)

アルロフトはメーカーやモデルによって違うというわけです。

　3つのロフトの中でもっとも大事なのがインパクトロフトで、文字通りボールを打ったときのロフト角のことです。インパクトロフトが大きくなるほどボールは飛ばなくなり、高く上がります。フェース面に刻まれた溝の働きでバックスピンがかかるため、ボールが高く上がります。

　インパクトロフトはボールをとらえるポジションによって変わります。クラブヘッドが円運動の下降過程でボールをとらえれば少なく、同上昇過程でとらえれば多くなります。前者は「ロフトが立つ」、後者は「ロフトが寝る」などといいます。

　インパクトロフトの概念は、弾道計測器の進化によってもたらされた要素と言えるでしょう。たとえばヘッドスピード40〜45m/sのプレーヤーがドライバーを打った場合、打ち出し角16度前後、バックスピン量2200回転くらいが一番飛ぶと言われています。これがわかったことで、インパクトロフトでこの数値を得られるドライバーを選ぶのがひとつの目安になりました。ただし、打ち出し角はインパクトロフトよりやや低めになりますので、この例で16度前後の打ち出し角にするには、インパクトロフトが18度前後必要になると思われます。

スイングの円弧のどこでボールをとらえるかでインパクトロフトは変わる
スイングではクラブヘッドが円弧を描くが、インパクトロフトは円弧のどこでボールを打つかで変わる。ボールを中心に右の円弧で打てばロフトが立ち（写真左）、左の円弧で打てばロフトが寝る（写真右）

ゴルフクラブのライ角は
二次元でなく三次元で考えないといけない

　ゴルフクラブにはライ角と呼ばれる角度がついています。ソールを地面と平行に置いたときに、シャフトと地面の間にできる角度のことです。

　こう書くと、静止した状態で二次元的に考えてしまいがちですが、現実的にはスイングによって動き続ける円弧の中で、三次元的に考えないといけません。つまり、ライ角はスイングによっても変わるということです。

　ライ角があることによって地面にあるボールをとらえやすくなります。当初はパターのように立っていましたが、それではボールには当たるものの速く振れないので、両方を満たす角度を突き詰めた結果、現在のライ角に近いものになったと考えられます。

　ライ角がプレーヤーに合っていると、アドレス時にクラブのソールを地面にぴったりつけるとフェースが目標を向きます。この傾向が特に顕著なアイアンでは、ライ角は重要な要素のひとつです。

　スイングはスイング軌道の角度によってアップライトかフラットかに分かれますが、それはクラブも同じで、ライ角が大きいものはアップライト、小さいものはフラットです。一般的に市販のドライバーのライ角は60度くらいがスタンダードで、それより大きければアップライト、小さいとフラットとされています。

　クラブのライ角はスイング軌道の角度と一致しているのが理想です。フラットなスイングの人がアップライトなクラブを使うと、インパクトでトゥ側が浮いてフェースが左を向きます。反対に、アップライトなスイングの人がフラットなクラブを振ると、インパクトでヒール側が浮いてフェースが右を向きます。

　つまり、クラブのライ角とスイング軌道の角度が合っていないとミスショットになりやすい。クラブを正しく使えていてもミスになってしまうので、自分のスイングに合ったライ角のクラブが必要となります。

　なお、適正なライ角はアドレス時にトゥ側がわずかに浮いた状態です。というのも、スイングするとクラブの先端側が下がるトゥダウンという現象が起きやすいからです。クラブのライ角が合っていれば、目標に向かって打ちやすいのはもちろん、ミート率が上がって平均飛距離がアップします。また、打感や打球音もよくなってスイングするのが楽しくなります。

　ライ角が適正かを調べるには、アナログですが、クラブのソールにショットマーカーを貼って練習場でボールを打つなり、素振りをし、ショットマーカーの擦れたところを

確認するといいでしょう。ネック側が擦れていたらアップライトすぎ、トゥ側ならフラットすぎです。

ライ角は、背が高いとアップライト、低いとフラットといったように、身長によって変わるともいわれますが、背の高い人は腕が長いので、実は手元の位置にはそれほど差がないので、ライ角がそんなに大きく変わることはありません。

アイアンやウェッジのライ角は
アドレス時のフェース面の向きに影響する

番手別の適正ライ角についても触れておきましょう。

まずドライバーですが、近年はスライサー対策としてボールがつかまりやすい60度前後のアップライトなモデルが増えています。引っかけ傾向の人がこれを知らずに使うと、引っかけを助長する危険があるので要注意。ライ角が少ないフラット系のモデルを使ったほうがいいかもしれません。可変スリーブでライ角が調整できるクラブもあります。

フェアウェイウッドもドライバーと同じように、アップライトだと左に、フラットだと右に飛びやすくなります。地面にあるボールを打つことが多いですから、アドレスしたときにソールが地面にピタッとつくのが理想です。

ユーティリティのライ角は、ボールがつかまりやすいアップライト系が多くなっていますが、多様性のあるクラブなのでバリエーションが豊かです。傾向的に表示されているライ角とリアルなライ角が異なっていることが多いようです。ライ角を調整できるモデルもあります。

アイアンは前述したように、ライ角がアドレス時のフェース面の向きに影響を与えます。ロフト角が大きいほど影響が大きく、フェース面が目標を向かなくなりますから、全ての番手でライ角を揃えたいところです。

また、適正ライ角もプレーヤーによってそれぞれ違いますから、**できれば適正ライ角を測定して揃えたほうがいい**。でないと、せっかく番手別にロフトをフロー（番手ごとに一定の間隔でロフト角を変える）させてもショットに反映されません。

これはウェッジにも言えることです。アプローチは精度が命。**ライ角が合っていないと、狙ったところにボールを打ち出せません**。目標を向いて打っているつもりなのに、決まって出球が違った方向に出る人は、もしかしたらウェッジのライ角が合っていないかもしれません。

また、ロフト角の大きいウェッジの中にはバンス（ソールについた出っ張り）がついたものも多いですが、**ライ角が合っていないとバンスを有効に使えません。**

　アイアンやウェッジはライ角を変えることができるモデルが多いですから、構えづらかったり、思った方向に打ち出せない、といったことが頻繁に起こる方はライ角をチェックしてみるといいでしょう。ウッドやユーティリティはネックを曲げることができないので基本的にライ角を変えるのは難しいです。

クラブによるアドレス時のライ角の違い

クラブのソールを地面に置いた時にできるシャフトと地面との角度がライ角。一般的にクラブが長いほどライ角は小さくなる。ヘッドを地面に置いた時にヒール側が接地してトゥ側が上がった状態は、クラブのライ角に対してフラット。トゥ側が接地してヒール側が浮いた状態をアップライトと呼ぶ

Lesson 1 ゴルフクラブの特性／クラブが正しく動くとはどういうことか？

切り返しからインパクト近辺までのクラブの動きを
観察してみよう

　では、クラブの動きを阻害する「なにか」がないと、クラブはどう動くのでしょうか。それを具体的に見ていきますが、ここで押さえておかなければならないことがあります。「クラブがどこでどう動けばいいか」です。

　結論から先に言うと、インパクトするべくクラブがボールに向かって下りてくる過程で、プレーヤーがクラブの邪魔をしなければOKです。

　拙著『ゴルフスイングの原理原則』でも紹介しましたが、**すべてのプロゴルファーは、ダウンスイングでクラブが腰の高さあたりにきたところからインパクトにかけて、クラブがほぼ同じ動きをしています。**

　テークバックの引き方、トップのポジションや形といったスイングの前半部分は百人百様ですが、肝心要の部分では同じようにクラブが動いています。厳密に言えば、ダウンスイングからインパクトにかけての体の動きもプレーヤーによって違ったりするのですが、クラブに目を向けるとみんな同じように動いているのです（ただし、打つ球筋によって変わります）。

　これは力の出し方や出力方向も同じであることを示しています。プロにとってクラブは、扱いに困るほど重いものではありません。力で動かそうと思えばいくらでも動かせますし、手先でくるくる回すこともできますから、そうしている人がいても何ら不思議はありません。でも、そんな人はいません。

　私は何人ものプロゴルファーのコーチをしていますが、体の動きを見るのは二の次で、クラブがどう動いているかを真っ先に見ます。**ショットの調子がすぐれない選手は、ほぼ間違いなくクラブの動きに問題がある**からです。

　その次に考えるのは、なぜクラブが間違った動きをしているのか。主役であるクラブの動きから遡っていくことで、やるべきことを見つけるのがもっとも効率よくスイングを修正する方法なのです。

　ということで、まずはスイングの核とも言える、バックスイングからダウンスイングに移るターニングポイントである切り返しから、インパクト近辺までのクラブの動きを観察してみましょう。

　とはいってもスイングは百人百様。トップでのクラブの収まり方も人それぞれ違います。すべてを網羅するのは難しいので、一例を見ていきたいと思います。

切り返し

クラブフェースは上を向いている

クラブはまだトップに近いところにキープされている

ダウンスイング前半

クラブフェースが正面を向きはじめる

手元を含む体のすべての部分に対してクラブは遅れて動く

ダウンスイング後半

この位置にきて
クラブフェースが
ボールのほうを向きはじめる

クラブはまだ下りきらず
手元の先行が
保たれている

Lesson 1 ゴルフクラブの特性／クラブが正しく動くとはどういうことか？

インパクト

ここにきてヘッドが一気にターンしてフェースが目標方向を向く

クラブは体の正面に戻るがヘッドは手元よりも遅れたまま

フォロー

ヘッドがターン。フェースが背後を向く

先行するクラブに体が引っ張られる。ヨロけないようクラブと逆方向に踏ん張る

Lesson 1　ゴルフクラブの特性／クラブが正しく動くとは、どういうことか？

第2章
Lesson 2

ゴルフクラブと
グリップ

クラブを扱うのに不可欠な
グリップの内圧変化とは？

グリップはベアリングのような役割を担う

　ゴルフスイングは2つの振り子運動＝右回りの円運動が基軸になっています。振り子運動にしても、円運動にしても、それを安定させる上でもっとも大事なのは支点。特にゴルフクラブとの唯一の接点であるグリップはめちゃくちゃ重要になります。

　グリップの重要性については、はるか昔から言われています。そのせいもあってビギナーは、いの一番にグリップ（クラブの握り方）を教えられます。オーバーラッピング、インターロッキングといった、モノを握る観点から見た場合には異様とも言える握り方を半ば強制的に教えられるのです。スクエアグリップ、ストロンググリップ、ウィークグリップもこの範疇に入ると考えていいでしょう。

　読者諸兄にも一定数、こういった体験をしている方がおられるのでわかると思いますが、最初にグリップを教わると、多くの方は正しく握ろうと思ってギュッと握りクラブを固定します。これがそもそもの間違いで、グリップが支点の役割を果たせず、20ページで記したように腕ごとクラブを動かさなければいけなくなります。

　世界中を見渡すと、ウィークグリップでも、ストロンググリップでも上手なゴルファーがたくさんいます。そこに至って、**ご主人様たるクラブの邪魔さえしなければ、握り方は何でもいい**のだと悟りました。

　ですから私はビギナーの方にグリップは教えません。そもそもオーバーラッピング、インターロッキング、テンフィンガーなどといった今あるスタイルは、個人的な事情で生まれたものと察せられます。オーバーラッピンググリップは、プロになってテンフィンガーグリップにしたイギリス人のレジェンド、ハリー・バードンが、止まらなくなったフック対策に用いたことが発祥と言われているのです。

　では、グリップではなにが重要なのでしょう？ それは**支点として機能するよう、ベアリングのようにすること**です。

　前述したように、ゴルフクラブはただの棒ではなく、重心位置がズレたところにある偏重心の棒です。打とうと思っている球が同じなら、誰が振っても同じように動きます。そうならないのは、押し込むように握ってクラブを固定しているからです。

条件をクリアしていれば
グリップを握る強さは
人それぞれでいい

グリップはゴルフクラブとの唯一の接点であり支点でもあるが、支点の役割を果たすには、手でグリップを押さえ込まず、ベアリングのような状態にしておくのが条件となる。ただし、この状態はプレーヤーによって違っていい。すなわち、強く握る人もいれば、緩く握る人もいるということだ

■動画で解説

ソールしてからグリップするとクラブの重心がとれない

ゴルフスイングにおける最強のグリップは、序章の第一振り子運動で紹介した、指先でグリップエンドをつまんだスタイルだと私は思っています。でも、これでは速くは振れず、ボールを強く叩けませんから、なるべくこれに近い機能を発揮できるグリップにしたい。これを念頭に置き、クラブの視点からグリップのあり方を考えてみましょう。

クラブの動きを邪魔しないためには、まずプレーヤーに合ったグリップで握ることが大前提になります。合ったグリップとは、自然体に近い形で握ることを指します。

自分に合った握り方を見つけるのは、難しいことではありません。お腹の前あたりに、何らかの棒なり、クラブのグリップ側を差し出してもらい、なにも考えずに両手で握ってみましょう。

こうすると誰もが両手を真横から棒（クラブ）に近づけて、右手と左手のひらを合わせるように握ります。腕をねじって右手なり左手なりを上下にして握る人はいません。

このことから、**最初から極端なストロンググリップやウィークグリップの人はいない**ことがわかります。みんなゴルフで言うところのスクエアグリップなのです。

ただし、上記のように持った場合に、ゴルフクラブとの兼ね合いでフェース面の向きが真っすぐになる人（スクエア）、やや左を向く人（クローズ）、やや右を向く人（オープン）の3タイプに分かれます。クラブの重心に対する反応が人それぞれなのです。

おそらくみなさんの中でも相当数の方は、**クラブを地面に置き、フェースをスクエアにした状態でグリップすると思いますが、これではクラブの重心を無視することになる。グリップで最初にやるべきは、クラブを持って重心をとることなのです。**

その後でクラブをソールすると、スクエアな人のフェースは、ほぼ目標の方向を向きますが、クローズは目標のやや左、オープンは同やや右を向きます。

ソールしたクラブのフェースを目標方向に向ける対策として、クローズの人はその場でグリップを右に回し、オープンの人は左に回すと、ともにフェースが目標に対してスクエアになります。その結果、前者はストロンググリップ、後者はウィークグリップになります。ヘッドを地面に置いたときにフェースが閉じる人はストロンググリップ、開く人はウィークグリップが適しているということです。

Lesson 2

ゴルフクラブとグリップ／クラブを扱うのに不可欠なグリップの内圧変化とは？

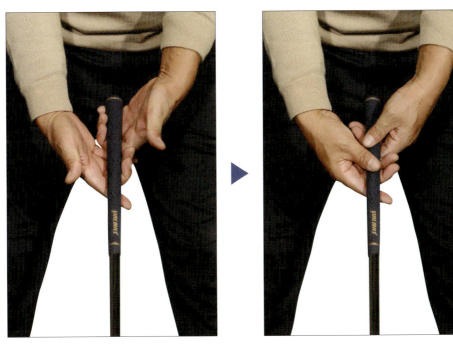

"手の中にベアリングがある"ようなグリップにするのが条件

グリップを両手の指の上に乗せ、下から支えるようにしたら、両手の親指をグリップの上の部分に乗せて指でつまむように持つ。下から支えず、グリップに被せるようにして上から握ると、押さえ込むグリップになってしまう

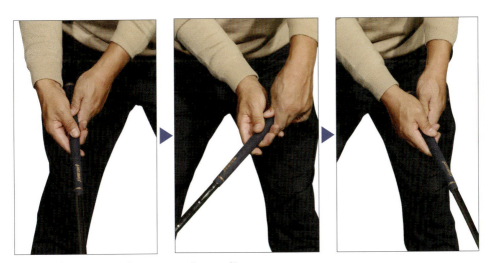

グリップの最強型は"おつまみグリップ"

上のようにグリップすると、まるでグリップを指でつまんだような"おつまみグリップ"に。そのまま手を左右に揺らすとクラブヘッドが遅れて動くが、これがクラブが生きる最強のグリップ

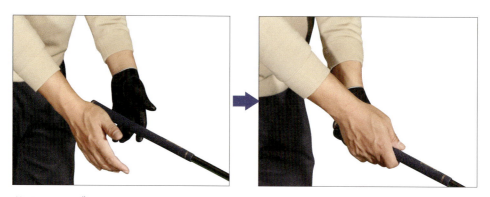

普通にクラブを持てば誰でもスクエアになる
写真のように差し出されたグリップを握るときは、誰もが両手を真横からクラブに近づけて、右手と左手のひらを合わせるように握る。ゴルフで言うスクエアグリップになる

スクエアグリップ

フェースの向きが真っすぐならスクエアグリップ
目をつぶってグリップしたときに、フェース面の向きが真っすぐになる人はスクエアグリップ。そのままソールしてアドレスできる

フェースがやや右を向く人はウィークグリップ
目をつぶってクラブをグリップしたときに、フェース面の向きが右を向く人もいる。そのままソールするとフェースは開くので、クラブを左に回してスクエアにする。結果ウィークグリップになる

フェースがやや左を向く人はストロンググリップ
目をつぶってクラブをグリップしたときに、フェース面の向きが左を向く人がいる。そのままソールするとフェースが閉じる。クラブを右に回してフェースをスクエアにすると、ストロンググリップになる

自動的に「クラブの重心がとれた」状態でグリップできる "重心アングルグリップ"

　今のアメリカPGAツアーでは、セミストロンググリップのプレーヤーが多いですが、これはゴルフクラブを扱う上で、とても大きなポイントだと私は考えています。

　なぜなら、セミストロングのプレーヤーは、**クラブの重心を整えてからフェースを目標に向けている**と考えられるからです。

　再三記しているように、クラブの重心は右に偏っているため、地面に置くとヘッドが右を向きます。そのまま振るとフェースは開きっぱなしですから、スクエアにインパクトするにはフェースを左にターンさせなければいけません。

　もちろんこれもボールを打つ方法のひとつですが、わざわざ意図的にターンさせなくても打てる方法があります。あらかじめ物体としてのクラブのバランスがとれた状態、つまり**インパクトでフェースが開かない状態にしてからスイングする**方法です。

　クラブのバランスがとれた状態は次のようにするとわかります。

"重心アングルグリップ"でクラブの重心をとるには？
クラブを持ったら写真のように右肩にクラブを担ぐように乗せる。一旦グリップを解きクラブのバランスがとれたら、グリップしてヘッドを体の前に下ろす。

クラブヘッドに近い側からシャフトを指先に乗せていくと、あるところで"やじろべえ"のようにクラブのバランスがとれるところがあります。そのポジションでクラブヘッドを見ると、若干フェースが閉じているのがわかると思います。

　実はそこが物体としてのクラブのバランスがとれたところ。クラブがニュートラルな状態にあるときフェースは閉じているのです。

　これをスイングに直接反映させるには以下の方法を試してください。

1 クラブを肩に担ぐ
2 担いだままグリップする
3 クラブを戻してヘッドを地面に置く

　この手順でヘッドを地面にポンと置くと、やはりフェースは若干閉じます。これが持ったクラブのバランスが整っている、いわばクラブのニュートラルポジションで、やじろべえと同じ状態にあります。

3

フェースは思いきり左を向くが、これがクラブのバランスがとれた、いわゆる"重心がとれた"状態だ

Lesson 2 ゴルフクラブとグリップ／クラブを扱うのに不可欠なグリップの内圧変化とは？

私はこれを“重心アングルグリップ”と呼び、この状態を「クラブの重心がとれている」と表現しています。この状態でスイングすると、クラブの動きを邪魔せずに振れます。言い換えると一番シンプルで振りやすいのがこの状態なのです。

クラブの重心がとれた状態、つまりややフェースが閉じたままスイングをスタートしても、グリップが支点になっていればクラブが動きたいように動くので、構えた時点でフェースが閉じ気味でも、インパクトではフェースの向きがスクエアになります。

つまり、PGAツアーの多くのプレーヤーは、クラブの重心がとれた状態にしてクローズフェースになった分だけ、グリップを右に回してフェースをスクエアにする。その結果セミストロンググリップになっていると察せられるのです。

アドレスのフェーススクエアより
インパクトのフェーススクエアが大事

読者諸兄のほとんどは、アドレスでリーディングエッジが目標に対してスクエアになるように構えていると思います。もちろん間違いではなく正解です。でも、前述したような物体としてのゴルフクラブの特性を知った上でそうやっている人はほぼいません。

重心アングルグリップについて述べた通り、クラブが物体としてバランスがとれているのは、自分から見たらフェースが少し閉じた状態です。そうしてからフェースをスクエアにしているのならいいのですが、そうでない場合はそのまま振ったらフェースは開きますから、意図的にフェースターンを入れないとスクエアにインパクトできません。実際のところ、**アドレスでフェースを目標に向けることと、スクエアにインパクトすることの間には、みなさんが思っているほど強い結びつきはないのです。**

かのベン・ホーガンは、ハンドファーストでインパクトするのに、アドレスはハンドレートでした。また、今では少数派になりましたが、かつてはクラブヘッドのトップブレードをスクエアにセットするプロが結構いました。ある女子プロのレジェンドの方とプロアマ戦で一緒に回ったとき、ものすごくフェースを閉じて構えていたので「わざとそうして重心を合わせているんですか？」と聞いたところ、不思議そうに「え？　だってこれが真っすぐよ」と言っておられました。

アベレージゴルファーの方も同じです。ビギナーの方やアーリーリリースする人が、重心アングルグリップのままスイングするとちゃんと飛びます。面白いのは「重心アングルグリップで打つと左へ飛びそうで怖い」という人が、そのまま棒を振っているつもりでクラブを振ると、インパクトでフェース面が真っすぐになります。スイング中の

アドレスでフェースが閉じてもインパクトではスクエア
写真左は重心アングルグリップでクラブの重心がとれた状態。このままスイングするとインパクトでフェースがスクエアになる

フェース面は変化しまくっています。たとえばウィークグリップの人は手の中で重心を整えていますが、それがいわゆる腕の旋回という形で見て取れるわけです。

　ということで、アドレス時のフェースの向きが真っすぐならインパクト時のフェースの向きは真っすぐ、というのは万人に言えることではありません。いくらアドレスで神経を使ってフェースを真っすぐにセットしても、インパクトで真っすぐになっていなければ意味がありませんから、それを認識して各々のスクエアを見つけなければいけない。その結果、人によってグリップがストロングになったり、ウィークになったり、アドレスがハンドレートになったりハンドファーストになったりいろいろなパターンがあるわけです。

　ちなみに、**重心アングルグリップからストロンググリップにすると打ちづらい人は、フォワードプレスを入れてフェースをスクエアにしてから打っても構いません**。いずれにしろクラブの重心がとれている状態でスイングをスタートできるからです。この場合、アドレスからハンドファーストを経てスイングを始動することになります。

グリップ内で圧力変化が起こっているとクラブを棒のように振れる

　ゴルフクラブは基本、棒のように振れたら誰でもボールを打てるのですが、その場合に問題がひとつあります。

　クラブは先端が重い偏重心の道具なので、振ることによって遠心力が発生し、クラブヘッドが結構な力でどんどん外側にもっていかれます。そのままではボールに当たりませんから、インパクト前後で本能的にクラブを引きつけるような動作を入れます。これは外側へ行こうとするクラブと綱引きをしているようなものです。アベレージゴルファーの方の中には、インパクト付近で手元や体が浮く人がたくさんいますが、これは

"おつまみグリップ"だと支点の動きが小さくクラブヘッドが大きく動く
おつまみグリップでクラブを振ると、クラブを引き続けることでスイングが成立することがわかる。棒のように振るだけでもヘッドの重みと偏重心の性質により、グリップの中に内圧変化が起きて支点の動／

クラブの動きによって浮かされているわけで、綱引きで言えば引き合えていない状態です。

こうならないようにするには、なるべく支点を小さくする。すなわち、クラブをつまむような感じで持つと、クラブだけを自然に引き続けることができます。つまり、**スイング中にグリップ内で圧力変化が起こることが、棒のように振る際の条件**というわけです。

私はスイングの始動から切り返しのタイミングまで、「クラブを引いて、引く」とみなさんにお伝えしていますが、グリップ内圧力が変化するように握れていれば、このフレーズの真意を理解していただけます。

\ きが小さくなり、それに対するヘッドの動きは格段に大きくなる

―― Lesson 2 ゴルフクラブとグリップ／クラブを扱うのに不可欠なグリップの内圧変化とは？

手のひらとグリップの間に指が入るフィンガーグリップが最適

グリップが振り子の支点になっていない人は、手のひらで押さえ込むようにクラブを握っていますが、これだと自分の可動域しかクラブが動きません。アベレージゴルファーの多くはこのパターンで、おしなべてグリップ圧が自分の適正より強い。強く握っても振り子運動が生まれていれば問題はありませんが、大半は手の中でクラブを押さえ込むことにより、手元とクラブの運動量が変わらなくなっています。こうなるのはクラブフェースをスクエアに使いたい、フェースを真っすぐボールに当てようとするからです。

確かにインパクトで目標方向に向けたフェースを、その方向に押し続ければボールが真っすぐ飛ぶような気がします。でも、それはあくまでそう感じるだけで、実際にはスイングによって生まれる遠心力と、ヘッドが重心方向に強く引っぱられる力でフェースは開きます。ボールを打つとそれが助長され、フェースが右を向いて右に飛びます。ボールがつかまらない、スライスしか出ない人のほとんどは、クラブがこのように動いており、スイング中にグリップの内圧変化がないためクラブの円運動を妨げてしまうのです。

これに対し、最前からお話ししているように、**手のひらをグリップにあてず、クラブをつまむイメージでグリップすると、スイング中に手首のコックが入ったときに、クラブの運動量が手元より遥かに多くなります**。これは手の中に空間ができている状態で、いわゆるフィンガーグリップ。手のひらとグリップの間に指が入るのが目安です。

フィンガーグリップで手の中にできる空間は、スイング中にグリップの内圧変化を生み出します。いわゆる"遊び"のようなものです。振り子運動および右回りの円運動によってグリップにかかる圧は絶え間なく変化しており、プロや上級者は意識することなくこの変化ができています。多くのプロが「グリップはギュッと握らない」というのはこのため。プロの手の中には遊びがあるのです。

いわば**グリップの内圧変化とそれに伴う右回りの円運動はスイングの要**。算数で言うなら足し算、引き算で、体の動きやナントカ打法は二の次、三の次でいい。いきなりそこに行くのは、足し算、引き算を知らないまま因数分解をするようなもの。手とクラブの関係を変えるだけでスイング全体が変わります。

グリップの内圧変化とは、クラブが動く方向に対してグリップ内でクラブが当たる場所が変化をするということです。最初にグリップの形を教わってしまうと内圧が変えられなくなることが多く、これがグリップが支点の振り子が動きづらくなる原因になっています。では、どんなふうに内圧変化が起きるのかを具体的に見てみましょう。

Lesson 2

ゴルフクラブとグリップ／クラブを扱うのに不可欠なグリップの内圧変化とは？

手のひらはグリップにあてず指でつまむイメージでグリップ

手の中に空間ができるフィンガーグリップで握ると、クラブの運動量が手元より多くなる。フィンガーグリップの目安は、手のひらとグリップの間に指が入ること。この空間ができることでスイング中にグリップの内圧変化が起こる。プロの多くが「グリップはギュッと握らない」というのはこのため

スイングのどの過程でグリップ内のどこに内圧変化が起きているのか

では、ここでどんな感じでグリップの内圧変化が起きているのかを見てみましょう。内圧変化はグリップによって変わるので、これは私の場合、すなわちフィンガーのスクエアグリップで握った場合の一例なので、みんながみんなこうなるわけではありません。

肝心なのは、クラブの動きを邪魔しない内圧変化を探り、自分のものにしていただくことです。

スクエアグリップのアドレス

アドレスでは手の指でクラブを支えているので、クラブのグリップ部分の上面（自分から見える面）には圧がかからない。指にクラブが乗っている感じだ

親指には圧がかからない

左手　　右手

Lesson 2

ゴルフクラブとグリップ／クラブを扱うのに不可欠なグリップの内圧変化とは？

スクエアグリップのバックスイング

おもに左手は小指と薬指、右手は人さし指、中指、薬指に圧がかかってくる。両手とも親指に圧がかかっているとクラブを押さえ込んでいることになる。トップに近づくにつれ圧は弱まる

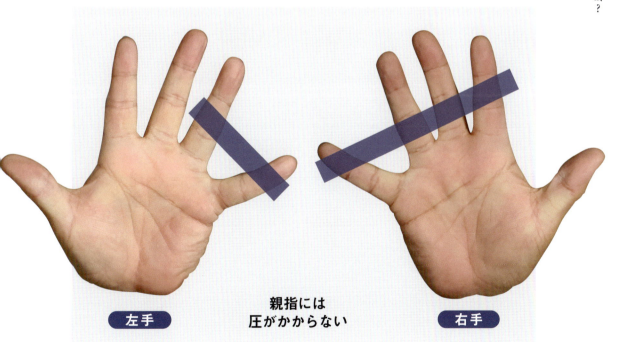

親指には圧がかからない

左手　　　右手

スクエアグリップの
トップと切り返し

トップでは両手親指の腹でクラブを支える感じになるが、すぐに切り返すので一瞬のこと。切り返しの瞬間は左右の小指に圧がかかるが、こちらも一瞬のため感覚的には圧がかからない

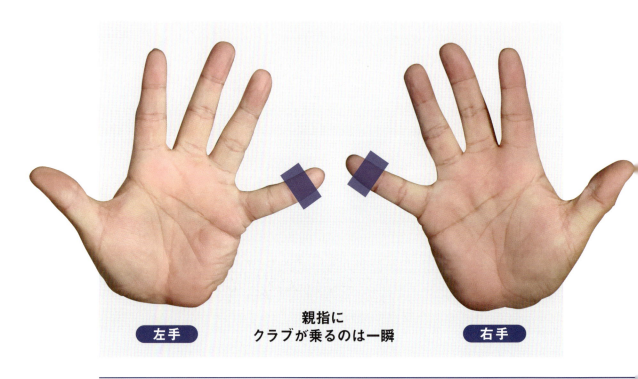

親指に
クラブが乗るのは一瞬

左手　　　　　右手

Lesson 2 ゴルフクラブとグリップ／クラブを扱うのに不可欠なグリップの内圧変化とは？

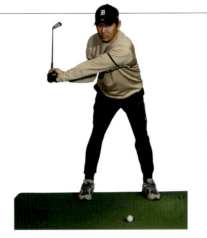

スクエアグリップの
ダウンスイング

前半は両手の小指にわずかに圧がかかる感じがある程度。後半に入りインパクトに近づくほど、左手は小指と薬指、右手は人さし指、中指、薬指にクラブが抜けない程度に圧がかかる

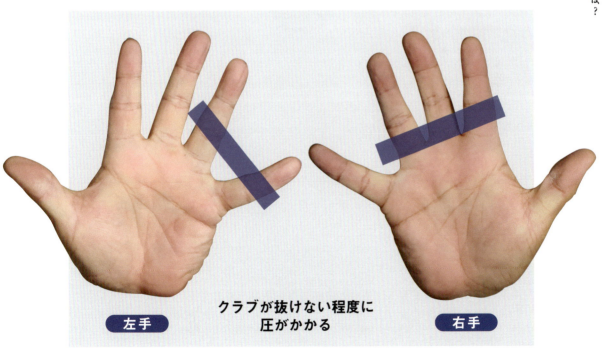

クラブが抜けない程度に圧がかかる

左手 　　　右手

もう少し詳しく見てみましょう。これはドラコンの日本代表として世界大会にも出場経験のある小井土峡太選手が、私の言うグリップの内圧変化を取り入れた結果の例です。

　アドレスでクラブを下から支えるのは同じですので、両手の人さし指、中指、薬指の3本で支え、両手の親指には圧がかかっていません。

　テークバックでは左手の指の付け根と右手の人さし指、中指、薬指の3本に圧がかかります。右手が支えになってテコの原理でクラブが上がっていく感じだそうです。

　トップでは左右の親指に圧がかかりますが、これはほんの一瞬のことで、すぐさま左手の人さし指、中指、薬指の3本と右手の人さし指の付け根と第二関節の間に圧がかかると言っています。

　小井土選手は「トップの左手は鉄棒に指を引っ掛けてぶら下がっているような感じ。

ドラコン選手・小井土峡太プロのグリップ内圧力変化

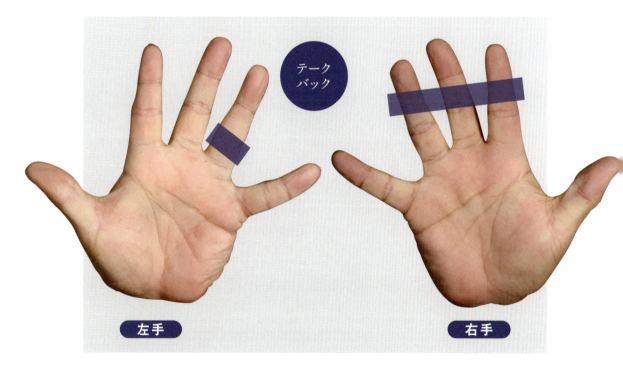

テークバックは右手を支えにテコの原理でクラブを上げる

アドレスでは両手の人さし指、中指、薬指の3本でクラブを下から支え、両手の親指には圧がかからない。テークバックでは右手を支えにテコの原理でクラブが上がるため、左手の指の付け根部分と右手の人さし指、中指、薬指の3本に圧がかかる

引っ掛かりが長めだとダウンスイング時のタメが強くなる」と言い「左手の小指は握る必要はないかもしれません」と続けます。

経験のある方はよくわかると思いますが、これは剣道で上段から竹刀を振り下ろす動きと全く同じ。竹刀は上から下に振り下ろしますが、クラブは右上から左下に振る。チャンバラでおもちゃの刀を振り回すのと同じ動きです。

手の中でのクラブの引っ掛かりを意識して、より速く腕を振るようにするとクラブの軌道がより安定して飛距離も伸びたそうです。

ちなみに、私はクラブを「引いて引く」という言い方をしますが、彼に言わせると「投げて投げる」。クラブをバックスイングで後方に投げ、フォローで左に投げる感覚で、あとは体の出力を上げれば飛ぶということです。

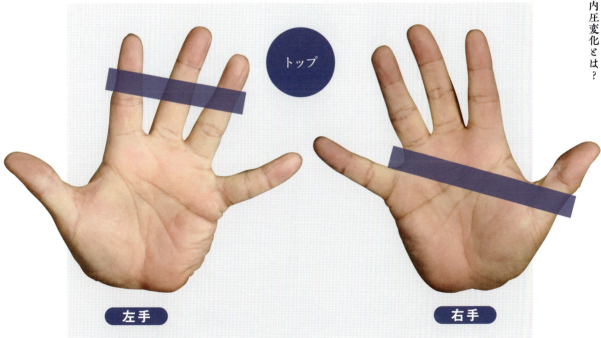

トップの左手は鉄棒に指を引っ掛けてぶら下がっている感じ
トップでは一瞬、左右の親指に圧がかかり、すぐに左手の人さし指、中指、薬指の3本と右手の人さし指の付け根と第二関節の間に圧がかかる。この引っ掛かりが長いとダウンスイング時のタメが強くなる

スクエアグリップのグリップ内圧力変化

アドレス　　　　　　テークバック　　　　　　バックスイング

※フェースをスクエアに使った場合。手の中のどこに内圧がかかるかわかりやすくするため、圧がかからない指を離して再現

切り返し　　　　　　ダウンスイング

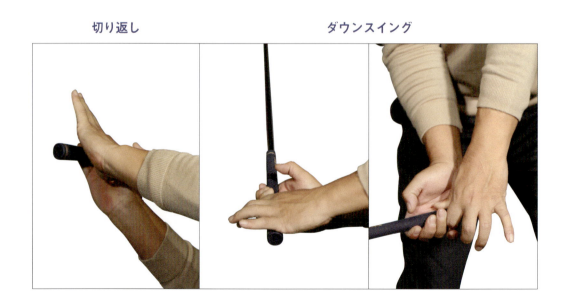

特徴はインパクトエリアでは常に、クラブヘッドの右側にある重心を閉じる方向へ圧をかけ続け、重心を揃えようとすること。クラブに促されて手元は適度にターンする

インパクト　　　　　　　フォロー

Lesson 2　ゴルフクラブとグリップ／クラブを扱うのに不可欠なグリップの内圧変化とは？

ストロンググリップのグリップ内圧力変化

アドレス　　　　　テークバック　　　　バックスイング

※手の中のどこに内圧がかかるかわかりやすくするため、圧がかからない指を離して再現

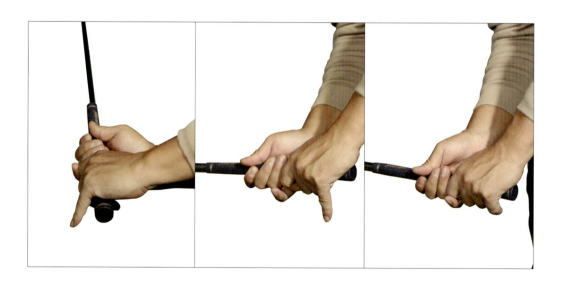

そもそも"重心アングルグリップ"で握っているので、グリップ支点と重心が揃っている。
そのためフェースを閉じる動きは必要なく、横へのしなりを使うだけの感じになる

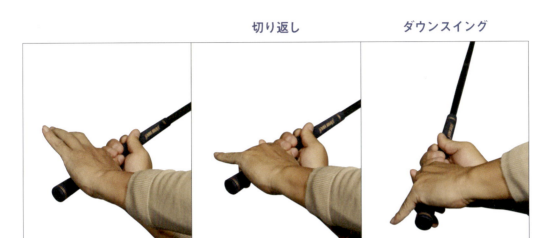

切り返し　　　　ダウンスイング

インパクト　　　フォロー

Lesson 2　ゴルフクラブとグリップ／クラブを扱うのに不可欠なグリップの内圧変化とは？

ウィークグリップのグリップ内圧力変化

アドレス　　　　　テークバック　　　　バックスイング

※手の中のどこに内圧がかかるかわかりやすくするため、圧がかからない指を離して再現

インパクト

> スクエアグリップ以上に、インパクトエリアではクラブヘッドの右側にある重心を閉じる方向へ圧をかけて重心を揃える。この角度ではフォローで手がかぶるように見える

切り返し　　　ダウンスイング

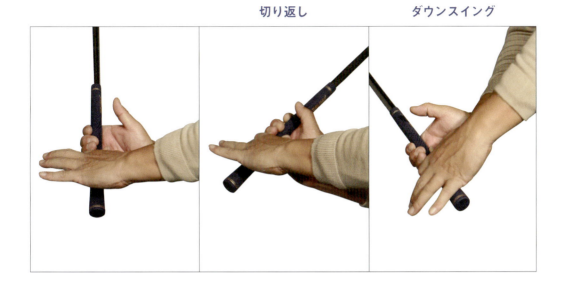

フォロー

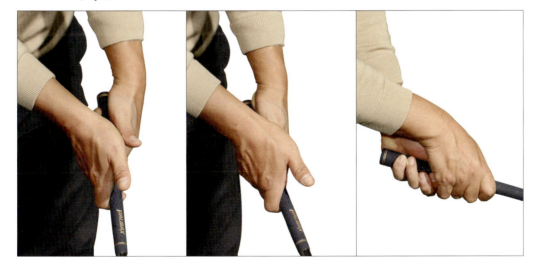

Lesson 2　ゴルフクラブとグリップ／クラブを扱うのに不可欠なグリップの内圧変化とは？

グリップの内圧変化を感じると
クラブを邪魔しない方向がわかる

スイング中にグリップの内圧変化が起きると、グリップエンドがクラブヘッドをリードし続けます。グリップエンドを引くとワンテンポ遅れてクラブヘッドが動くわけです。

これがダウンスイングからインパクトで起きるとリリース動作になります。振り子運動と右回りの円運動が継続するとクラブがオートマチックにこう動くのです。

アベレージゴルファーの多くは、ダウンスイングでタイミングよくリリースできませんが、これは振り子運動のうちはハーフスイングだけだと実現できるのが、円運動になると力が入ったり、クラブを引く方向が変わるためです。

スイングの始動からトップまではグリップ支点の振り子が機能するのですが、切り返しからダウンスイングになると止まってしまう人がたくさんいます。身体的なイメージで体ばかりが先行して肝心のグリップが動かないと、体を回してクラブを下ろしてくるために"腕遅れ"が発生します。手を振れば振り子が機能するのですが、手で下ろすと"手打ち"になる気がして、みんな体の回転でクラブを下ろしてくるのです。

こうなっているかもしれないと思ったら、スタンス幅を広げ、両ツマ先を内側に向けた内股スタンスにしてボールを打ってみましょう。こうすると体の可動範囲が狭まるため、グリップ支点の振り子をちゃんと使えないと打てません。こう言うと難しそうですが、要は手打ちじゃないと打てない。でも、それでいいのです。

やってみるとわかりますが、まるで当然のごとくクラブフェースでボールをとらえることができます。なぜならスイングに支点ができ、支点を中心にクラブが動きはじめるから。支点が決まれば何度振っても安定した円弧が形成されてオンプレーンになるので当たるに決まっています。

グリップの内圧変化を感じるには「おつまみグリップ」（51ページ参照）が有効です。また、ティッシュ2〜3枚をグリップに巻き、利き手で包んでフィンガーグリップでクラブを握ってボールを打つ「ティッシュドリル」で素振りをするのもいいでしょう。（いずれもクラブを飛ばさないように注意してください）

グリップの内圧変化を感じられるとクラブを邪魔しない方向がわかります。振り方は問いません。スイングの始動時には圧が入らず、ダウンスイングで入ってくるのが目安です。慣れていない人は、すごい手打ちに感じて「さぞかしカッコ悪いだろうな」と思うかもしれませんが、残念ながら（!?）思いとは逆に、クラブと体はすごくきれいに動いています。

Lesson 2 ゴルフクラブとグリップ／クラブを扱うのに不可欠なグリップの内圧変化とは？

ダウンスイングのタメはグリップの内圧変化で生まれる

内圧変化を起こせるグリップなら終始クラブを引き続けることができる。引くことでクラブヘッドが遅れて動くため、ダウンスイングでタメができリリースを遅らせることができる

アベレージゴルファーは切り返し以降で振り子が止まりがち

切り返しからダウンスイングで、手が支点の振り子が止まるアベレージゴルファーが多い。体を回してクラブを下ろすため"腕遅れ"になり、その結果アーリーリリースになる

内圧変化は作り出すものではなく呼び覚ますもの

グリップの内圧変化は作るものではなく呼び覚ますもの。たとえば右手一本でインパクトバッグを叩くと誰もが上の写真のようになるが、ボールを打つときもこれと同じように振ればいい

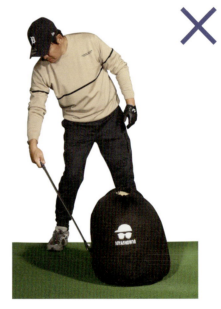

右手に持ったクラブでインパクトバッグを叩くときに、上の二点の写真のように叩く人はいない。ところがゴルフスイングになると、途端にこうする人が多くなる

第3章
Lesson 3

クラブ目線で見た スイングの全貌

スイングは「棒振り」と 「面合わせ」でできている

クラブを正しく使えているかいないかは
一にも二にも棒振りでクラブを引けているかいないか

　ゴルフには2つのターゲットがあります。1つはボールを運びたいところ。もう1つはボールそのものです。前者はリアルなターゲット、後者は引っ叩くターゲットです。**スイングにおける直接のターゲットはボールで、これには「棒振り」、すなわちクラブを振ることで対応します。ちなみに、本物のターゲットには「面合わせ」で対応しますが、**これについては後述します。

　クラブを正しく使えているか、いないかの第一歩は、棒振りができているかいないかに尽きます。

　では、棒振りとは何なのでしょう？ 私は、その昔、羊飼いがやっていた、棒だか杖だかで石ころを引っ叩く、ゴルフの起源といわれる動きだと思います。

　アベレージゴルファーの方に棒振りを覚えていただくために、私はよくゴルフ専用のインパクトバッグを用います。足元に置いたインパクトバッグをクラブで「バシン！」と叩いていただくのです。

　当たり前のことですが、バッグを叩く意識があれば、誰でもすぐに力強く叩けます。叩き方もみなさん同じで、勝手に手を支点にしてベアリングのように使い、スナップをうまく使って叩きます。トンカチで釘を打つのと同じです。

　まずは小さな振り子運動から始め、徐々に振り幅を大きくして、最後はスイングばりの円運動で叩いていただきますが、クラブが円運動するレベルになっても、みんな叩くことができます。

　棒振りはクラブを振るのと同じアクションですから、そっくりそのままスイングになります。右手一本のフルスイングでインパクトバッグを叩くべく、クラブを振り上げたところで一旦停止すれば、そこがトップのポジション。左手を添えればスイングのトップになります（本来、止まる必要はありません）。

　そのときの形だけを見ると、いわゆるレイドオフ（クラブシャフトと地面が平行）の人もいれば、シャフトクロスの人も、オーバースイングの人もいます。でも、それはどうでもいいこと。**人間、「バシン！」と引っ叩く意識さえあれば、どんなポジションからも叩く体勢にもっていけるからです。**つまり、これは学習することでもなければ決まり事でもなく本能にほかなりません。**棒振りは本能のなせる技で、それこそがクラブを正しく使う最重要ポイントなのです。**

　この感覚があれば、みなさんも心あたりのある振り遅れによるミスも解消できます。

アマチュアの方は切り返し以降、体でクラブを引っ張ろうという意識が強すぎて、体が開いたり、リリースが早くなったりしますが、右手でインパクトバッグを叩くつもりで振り下ろせばこのような動きにはなりません。

　正面から見たスイング軌道を円にたとえるなら、グリップ支点の振り子の運動は下の半円、円運動が入ってくるとクラブが上半分の円に及びます。下の半円で振っているうちは手でクラブを引っ張れるのでインパクトがハンドファーストになりますが、上半分の円までいくと、ダウンスイングで体がクラブを引っ張りはじめます。クラブと体が同じ方向に動くので、体で引っ張りやすくなるのです。

　でも、グリップ支点を中心にクラブが動くイメージがあればこうはなりません。結局のところ、意識しようがしまいが、手を使わないと支点が支点になり得ないのです。

Lesson 3 クラブ目線で見たスイングの全貌／スイングは「棒振り」と「面合わせ」でできている

■動画で解説

インパクトバッグを棒で「バシン！」と叩く＝スイングしてボールを打つ
「棒振り」を覚えるにはインパクトバッグを叩く（もしくはそれに代わるものを棒で叩く）のがおすすめ。叩くときは誰もが手を支点にして、手の中にベアリングがあるかのように棒が動いて「バシン！」と叩ける。スイングもこれと同じだ

棒振りは誰でもやっていることで
ゴルフスイングに特化した動きではない

　棒振りは、その名の通りゴルフスイングに特化した動きではありません。ですから、叩く対象がどこにあろうと、みんな例外なく同じように棒を振ります。

　たとえば、斜め前方の高いところにあるボールを叩く場合、手を高い位置に上げ、そこを支点として棒を縦に振ります。ボールが体の正面で胸くらいの高さにあったら、同

どこにあるボールを打つ場合でもやることは変わらない
このページの左の写真は、上にある仮想のボールを打つ場合、右の写真は同様に顔の前あたりにあるボールを打つ場合。いずれもグリップの内圧力変化でクラブを操る

じ要領で横から棒を振ります。

　ゴルフではボールが地面や、地面からごく近いところにありますから、棒を斜め下に向かって振ります。ただ、それだけ。手の使い方も同じで、手首の関節を固めて腕の付け根から動かしたり、体を逸らしたり横回転させる人はいません。

　ところが、いざスイングしてボールを打つとなると、棒振り動作では誰もやらないことをやりはじめます。棒振りがうまくできないのはそのため。棒を振ってモノを叩く本来の動きを忘れてしまっているのです。

Lesson 3 クラブ目線で見たスイングの全貌／スイングは「棒振り」と「面合わせ」でできている

■動画で解説

ゴルフではボールが自分の前下にある。それに合わせた体勢をとり、クラブを操ればボールが打てる

地面にあるものを棒で上から叩く動作は
スイングのバックスイング、ダウンスイングと同じ

　このページの写真のように、地面に置いたインパクトバッグを上から叩くことでもゴルフクラブのあるべき動き方がわかります。

　トンカチで釘を打ったり、布団叩きで布団を叩く場合、適度に柔らかく道具を握り、手首を柔らかく使って道具を上下させますが、この場合もそれらと同じです。

　順に見ていくと、始動では手元が先行してクラブを引き上げます。そしてクラブヘッドが上がりきったあたりでヘッドが手元を追い越すやいなや、再び手元が先行してクラブを引き下げる動きに転じます。このタイミングがスイングにおける切り返し（行き別れ）です。

**上げるときと下ろすときでは
ヘッドの軌道が変わる**

上からインパクトバッグを叩くときは常に手元が先行して最後にクラブが下りてくる。また、クラブを上げるときより下ろすときのほうが、クラブヘッドが体の近くを通る

あとは手元がクラブを引き続けるだけ。すると**手元とヘッドの間に十分な時間差ができますから、手元が始動時にあったポジションで止まると、遅れて下りてきたクラブヘッドがワンテンポ遅れて下りてインパクトバッグを引っ叩きます。**

もうひとつ注目していただきたいのは、クラブが上がっていくときと下りてくるときでヘッドの軌道が変わることです。

クラブヘッドの動きに注目すると、**上げるときより下ろすときのほうが、体の近くを通ります。これはスイングにおける円運動でも同じで、バックスイングよりダウンスイングのほうがヘッドは体の近くに下りてきます。**こうなることでダウンスイング時に手元とクラブヘッドの時間差ができてクラブが遅れて下りてきます。このタイミングでは手元は速く、クラブはゆっくり動きますが、その後、リリースされると逆転してクラブヘッドが加速しながらインパクトに向かいます。

クラブを上げ下げするときに生まれるクラブヘッドの軌道の違いは、バックスイング時とダウンスイング時にも反映される

手元を直線的に動かす、すなわちクラブを上げるときも下ろすときも手元が同じ軌道を辿ると、手元とクラブヘッドの動きに時間差ができないため強く叩けない

クラブ目線で見たスイングの全貌／スイングは「棒振り」と「面合わせ」でできている

棒振りの要領でダウンスイングすれば
手元とクラブヘッドに時間差ができてシャフトがしなる

　ダウンスイングからインパクトまでのクラブの動きを、地面にクラブを置いた状態で考えてみましょう。

　棒振りができているスイングは、なにも考えなくてもクラブは引かれ続けています。ダウンスイングではもちろん、インパクトでさえ手元がクラブより先にきて、インパク

レイトリリース

時間差によってシャフトがしなりクラブの速度がアップ

ダウンスイングでは振り子の支点であるグリップが、クラブに先んじて一足早いタイミングで下り、クラブヘッドは遅れて下りてくる。この時間差によってシャフトがしなりクラブの速度がアップ。まさに棒振りそのものだ

ト後にクラブヘッドが手元を追い越します。いわゆるレイトリリースです。

これに対して棒振りよりも「面合わせ」（102ページ参照）を優先して、フェース、あるいは棒の先端をボールに当てにいくスイングになると、クラブを引き続けられず途中で押してしまいます。こうして起こるのがアーリーリリースで、インパクトの前にクラブヘッドが手元を追い越します。

レイトリリースになると、ダウンスイングでタメができ、クラブが遅れて下ります。**みなさんタメを作ろうと頑張りますが、本来作るものではなく結果的にできるもの。面合わせより棒振りを優先すれば誰でもタメができます。**

アーリーリリース

グリップとクラブヘッドの動きに時間差ができない

フェースをボールに当てにいくと、ダウンスイングでクラブを引き続けられず、押す動きになる。こうなると早いタイミングでクラブヘッドが手元を追い越すアーリーリリースに。支点となるグリップとクラブヘッドの動きに時間差ができないためシャフトのしなりを使えない

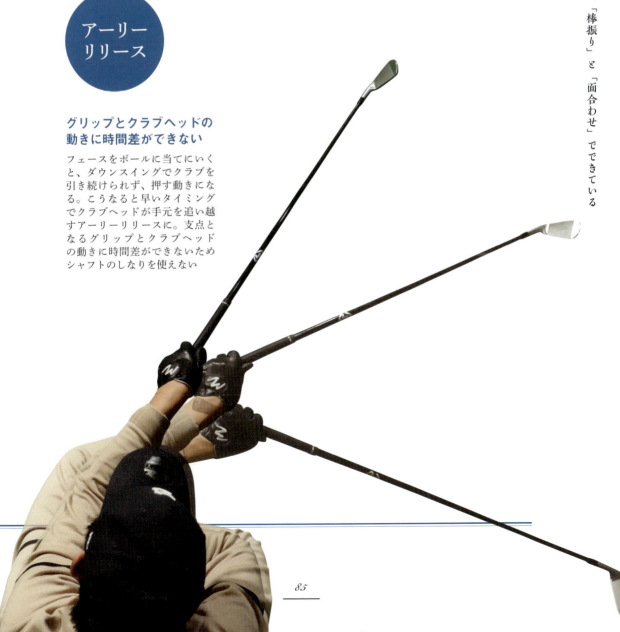

クラブ目線で見たスイングの全貌／スイングは「棒振り」と「面合わせ」でできている

Lesson 3

L字型のパイプを持つと重心をとることと
空中に重心があるものを振る感覚が養える

　参考までに「クラブが主」のスイングをわかりやすくする、あるいは体感するために私が考えた方法を紹介しましょう。

　L字型に曲がったプラスチックのパイプをゴルフクラブに見立てて振る方法です。このページの写真のようにL字型のパイプを構えるとパイプが右や左に倒れます。言うまでもなく重心が右に偏れば右、左に偏れば左に倒れるわけです。

　そのまま手の中でパイプを押さえ込んで振ると、パイプは右や左に倒れた状態で体の正面に戻ってきます。ゴルフクラブに置きかえるとフェースが開いたまま、あるいは閉じたままインパクトすることになります。また、それを修正しようとすると、たとえば

L字パイプの重心を右にズラす（ちょっと右に傾ける）とクラブと同じ偏重心になる

バランスよくスイングできれば重心をコントロールできている
L字パイプでスイングすると空中に重心があるものを振る感覚が養える。バランスよくスイングでき／

手でクラブを起こすなど、本来は必要ない動きが入ってきます。

　クラブ同様、L字パイプも重心が持ち手の延長上にありませんが、持つだけでクラブ以上にハッキリそれがわかります。さらにスイングすることで、空中に重心があるものを振る感覚が養えます。パイプをうまく振るには、手の中でパイプを押さえ込まず、一にも二にもバランスをとって振ること。ここでいうバランスをとるとはパイプの重心をコントロールすることです。

　私のスタジオでは、レッスンを受けにこられたアベレージゴルファーの方にパイプを振っていただくこともよくありますが、振った後にパイプをクラブに持ち替え、同じように振っていただくと誰もが正しくクラブを振ることができます。

Lesson 3

クラブ目線で見たスイングの全貌／スイングは「棒振り」と「面合わせ」でできている

重心をとれていない状態で振ると自分で修正しなければならない。スイングではこうなっている人が多い

＼れば重心をコントロールできている

右回りのスイングは引く動き、左回りのスイングは押す動きになる

　ここで円運動について言及しておくと、**クラブ全体の円運動は、右回り（自分から見て時計回り）に限定されます**。左回り（自分から見て反時計回り）の円運動をやっていただくとわかりますが、自分の左サイドにある目標に向かってボールを飛ばすイメージは湧かないと思います。右回りの円運動をするクラブヘッドが最下点にきたときに、そこにボールがあればうまくヒットできます。

　また、普段はカット軌道の方が右回りにクラブを回すと、インサイドからクラブを入れるイメージも湧きます。スイング軌道がアウトサイド・インでスライスが出やすいアベレージゴルファーの方が大変多いですが、この傾向の人は、ダウンスイングでアウトサイドのスティープ軌道でクラブが下りてきます。これが左回りのスイングで、シンプルに右回りに変えることで、抱えているさまざまな問題は一気に解決します。

　体の正面でクラブを持って右回りに回すと、クラブヘッドが自分の右側にきたときに

右回りに円運動に伴ってクラブフェースが開閉する
クラブ全体の円運動は自分から見て右回り（時計回り）。体の正面から右回りにクラブを回すと、クラブが右サイドにくるとクラブが寝てフェースが開く。さらに回し続けるとクラブの円運動によって前腕部／

クラブが寝てフェースが上を向きます。

そのまま手を下ろしていくと、ある時点でそれ以上回せなくなります。クラブを右に回し続けるには、前腕部を左へ回さなければなりませんが、クラブが右回りに動くと、クラブの円運動によってそうさせられてしまいます。

この動きは、そのままスイングに反映されます。右側でフェースが上を向くように、ダウンスイングの前半でもフェースが上を向きます。その先で前腕部が左へ回転するのはインパクト前後と同じ動き。これにより開いたフェースがターンして閉じます。

右回りに回し続けようとしたら、こうしないと回せません。スイングでも同じで、**右回りにはクラブをナチュラルに振るのに必要な動きがすべて含まれています。**

これは私が発案したアーノルド・パーマードリルでも体感していただけます。アプローチの感覚でいいので、手元を支点にボールを打ったら、その勢いでクラブをクルッと右回りに回します。打つときの振り幅を徐々に大きくしていくと、バックスイングがどこに上がろうと右回りさえすればボールを打てることがわかります。

アーノルド・パーマードリル
手元を支点にクラブを振ったら、その勢いで頭の上でクラブを一周させて連続的に右回りに回す

腕が左へ回ってフェースが閉じる

■動画で解説

Lesson 3 クラブ目線で見たスイングの全貌／スイングは「棒振り」と「面合わせ」でできている

右回りに描かれる円の位置はゴルファーによって
微妙に変わる

右回りの円をどこで描くかによっていろいろなことがわかります。

前述したように、円運動には最下点がありますが、最下点はゴルファーによって微妙に変わります。言い方を変えれば、右回りに描かれる円の位置が微妙に変わる、ということになります。

プロの場合、円の位置が自分から見て体の中心からわずかに左になりますが、これは**切り返し以降でグリップ支点の振り子が、ギリギリのタイミングまでリリースされないからです。その結果、クラブヘッドの最下点は体の中心よりわずかに左サイドになります**。ボールが体の真ん中にあると仮定すると、はじめにクラブがボールに当たり、そのあとヘッドが地面に当たってターフをとるダウンブローの軌道になりやすい。ヘッドが遅れて入るのでヘッドスピードも上がります。

自分から見て体の真ん中あたりで円を描く人もいます。この場合、振り子の支点が体の正面あたりにきたときにはすでにリリースがなされています。プロに比べると早いタイミングでリリースされるので、クラブヘッドの最下点は体の真ん中あたりになります。ボールがセンターにあればボール位置とほぼ同じになるのでクリーンヒットする感じになります。

自分から見て、体の中心より右サイドで円を描く人もいますが、これはスイング的にはいただけません。この位置で描かれるということは、振り子の支点であるグリップが体の右サイドにあるということです。

これはボールを当てにいくアベレージゴルファーによく見られる動きで、ダウンスイングでクラブを引き続けることができずに押してしまうことで起こります。こうなると手首の角度が解けてリリースが早くなりヘッドも早く落ちてしまいます。

その結果、円弧が右寄りの位置で描かれ、クラブもボールをヒットする前に急減速してしまうのです。

当てにいくと支点は止まりますが、棒振りができると支点であるグリップは左に動き続けます。体の右サイドで円を描かないためにも、最初にお伝えした物体を引っ張る**棒振りで、振り子を止めないことが絶対条件**なのです。

体の左サイドで円が描かれる

加速

減速

Lesson 3 クラブ目線で見たスイングの全貌／スイングは「棒振り」と「面合わせ」でできている

感覚的には真ん中ながらも体の左サイドで円が描かれる
結果的に左サイドで円が描かれるスイングになると、ヘッドが上から入ってロフトが立って当たる。また、最下点の手前でクラブが加速中にボールをとらえられ、インパクトゾーンも長くなる

■動画で解説

91

体の真ん中で円が描かれる

感覚と同様に体の真ん中で円が描かれる
左右センターにあるボールをクリーンに打つイメージのスイングだと、体の真ん中で円が描かれる。ボールは打てるが、加速域と減速域のスピード差が少なく、結局当てにいく形になる

体の右サイドで円が描かれる

クラブ目線で見たスイングの全貌／スイングは「棒振り」と「面合わせ」でできている

感覚的には真ん中ながらも体の右サイドで円が描かれる
ボールを当てにいくとダウンスイングでクラブを押す動きが入る。するとアーリーリリースになってヘッドが早く落ちる。これを嫌がるとすくい打ちになって悪循環に。ヘッドスピードも減速する

右回りの円をどの向きに描くかで
スライスやフックを打ち分けられる

　棒振りによってできる円弧の向きが変わることでスイング軌道が変化します。

　たとえばアウトサイド・インのスイング軌道の人は、ダウンスイング側の円弧が体から遠めで、インパクトからフォローにかけて近くなる、左向きの円になっています。これは手の中でクラブを出すのが早い、押す動きでリリースが早いためになります。インサイド・アウト軌道ならこの逆で、ダウンスイング側の円弧が近く、フォローに向かって遠ざかる右向きの円です。いずれにしても、スイング軌道が自分の体に対してイン・トゥ・インになっていれば、大きなミスを招くようなスライスやフックにはなりません。これに対し、自分の体に対して、腕でアウトサイド・イン、あるいはインサイド・アウトに振ると想定外に大きく曲がります。スライスやフックで悩んでいる方はこうなっている可能性があります。

　プロの多くはインテンショナルに球を曲げるときに難しいことはしません。**ボールとターゲットを結んだターゲットラインに対してオープンに立ち、普通にスイングすれば目標に対して円軌道が左を向くのでスライスが打てる。反対にクローズに立って普通に振れば、円軌道が右を向いてフックが打てるわけです。**

クラブがインサイドから下りてインサイドに抜ける
ターゲットに対してスクエアに構えてイン・トゥ・インに振ると、ダウンスイング以降でクラブはターゲットに向かって円運動をする

もちろん円が左右を向かず、左右対称のきれいな円軌道で動くとイン・トゥ・インのスクエア軌道になります。

ドローはターゲットラインに対して右向きの円運動
ターゲットよりちょっと右を向いて構えてイン・トゥ・インに振ると、ダウンスイング以降でクラブはターゲットより右に向かって円運動をしてドローボールになる

■動画で解説

フェードはターゲットラインに対して左向きの円運動
ターゲットよりちょっと左向きに構えてイン・トゥ・インに振ると、ダウンスイング以降でクラブはターゲットより左に向かって円運動をする。結果、打球はフェードする

Lesson 3 クラブ目線で見たスイングの全貌／スイングは「棒振り」と「面合わせ」でできている

体が中心のスイングから円弧の形成が第一のスイングへ

ラウンドではさまざまなライに遭遇しますが、そんなときも、**どこで円を描くのかイメージできると対応しやすくなります。**

たとえばツマ先下がりの傾斜ではフラットなライよりも下の位置で円を描きますし、ツマ先上がりであれば高い位置になります。また、ディボット跡やフェアウェイバンカーから打つときに、ボールが埋まっていなければファーストコンタクトをボールにしてダウンブローに打ちたいですが、こんなときは体の中心より左寄りで円を描くイメージで打てば、ヘッドがボールの手前に落ちてダフるのを防げます。

このようなケースでは、ボールの位置や体重配分など構え方や打ち方をマニュアル的に覚えて対応している方が多いと思います。もちろんそれもありですが、毎回変わるすべての状況に対応するのは無理。**クラブがどう動くかという観点から考えたほうが、合理的かつ効果的です。**

左足下がりのライでできるクラブの円運動
左足下がりのライでは平地よりやや左に支点を設定して、平地よりもやや左寄りの位置でクラブに円運動してもらう

さらに言うなら、当該のライで構え、連続で素振りをしてみるといい。ヘッドが芝を擦ったところにボールがくるようにアドレスすればいいし、傾斜などバランスがとりづらいライではそれなりの構え方をする。ツマ先下がりでボールが遠ければスタンス幅を広げたり、腰を落とし重心を下げたアドレスになるでしょう。そうなったらフルスイングなどできませんから、打ち方まで決まります。

このようなライでプロがまずなにをするかといえば、グリップ支点の振り子の支点を決めます。左足上がりならやや右に、左足下がりならやや左に支点を設定します。

支点が決まれば円が描かれる場所は自ずと決まり、左足上がりなら体の中心より右寄り、左足下がりなら、同左寄りで円を描けばいいわけです。

クラブをベースに発想し、肩の向きさえ合っていれば打ちやすさ優先で構えても問題ありません。スイングベースで考えるとやらなければならないことが山ほどありますが、クラブ目線で考えれば超シンプルになるのです。

■動画で解説

左足上がりのライでできるクラブの円運動
左足上がりのライでは平地よりやや右に支点を設定して、平地よりもやや右寄りの位置でクラブに円運動してもらう

振り子の支点さえあれば
ラウンドをする上でいささかの障害もない

　すでにお気づきだと思いますが、棒振りでは手を使います。「スイングでは手を使わない」と言う人も、みんな無意識に手を使っています。なぜなら、手を使わずにゴルフスイングができる人はいないからです。

　もちろん体も使っていますが、体がリードしているわけではありません。最優先すべきはクラブが効率的に動くための支点。**とりわけグリップ支点の振り子が重要で、この振り子をキープしてクラブを動かすと体は勝手に動き出します。というか反応しはじめます。バランスをとるためオートマチックに動き出すのです。**

　たとえば手だけでクラブを振るスイングでボールを打った最後のタイミングで、適当に右足を上げてみてください。途端にプロのような見映えのスイングに近づきます。

　ジャック・ニクラウスやゲーリー・プレーヤーなどのレジェンドプレーヤーはみんな、若い頃ダイナミックに体を使ってスイングしていました。手打ちと言われた青木功プロも使うべきところでしっかり体を使っていました。お歳を召されて飛ばなくはなったものの、一旦コースに出れば、いまでもかくしゃくとしたプレーを見せてくれます。

　そんな傘寿を超えた先達のスイングを見るとよくわかるのですが、体は動かなくなっても支点はしっかりと保たれています。**歳をとっても当たるのはグリップ支点の振り子を使って手で打っているからなのです。**

　もちろんレジェンドだけではありません、腕達者なおじいちゃんゴルファーは、みんな若い頃のように体が動きません。でも支点があって手で打てるからプレーできる。支点さえあればクラブを引けるのでラウンドをする上でいささかの障害もないのです。

　ヘッドスピードについても同じことが言えます。ヘッドスピードが速いプレーヤーは、腕を振るスピードが速い。でも、グリップ支点の振り子が使えなければ、いくら腕を速く振っても手元とクラブヘッドの運動量は変わりませんからヘッドスピードは上がりません。**グリップ支点の振り子、つまり手元こそがクラブにエネルギーを与えるヘッドスピードの源**というわけです。

　プロのスイングを見ていると、ビュンと振った後に勢い余ってクラブが体の前に戻ってくることがあります。"振り戻し"と呼んでいますが、マン振りするほどこうなります。これは腕を速く振っているからこそ見られる動きです。腕を振ればクラブには相当な力が発生します。そのままフィニッシュまでいけば腕も体のねじれも限界に達します。それではたまらん！ とばかりに反動で腕が戻ってくるわけです。同時に、それだけ振っ

てもヨロけないのは体がバランスをとっているからだとわかります。

　ということで、まずやるべきは棒振り。手で振り、手で打つことがクラブ意識を高めるアクションです。これができると骨盤も小さく速く動きます。アベレージゴルファーには、バックスイングで骨盤がベロンと右を向き、ダウンスイング以降でまたベロンと左を向く人がいますが、骨盤が大きく動いてもヘッドスピードは上がらずバランスも保てません。だからといって、小さく速く回そうとする必要もありません。**支点があってクラブが振れれば、骨盤も勝手に小さく速く動くからです。まずは棒振り。これでシングルまでいけます。**

Lesson 3
クラブ目線で見たスイングの全貌／スイングは「棒振り」と「面合わせ」でできている

■動画で解説

クラブのリードによって
体が動くのがスイングの本質

今ではレジェンドとなったベテランゴルファーも、若い頃は例外なくダイナミックに体が動いていた（写真上）。そんなプレーヤーが歳をとっても支障なくラウンドできるのはグリップ支点の振り子を保った状態で"棒振り"ができているから(写真下)。これさえあれば、いつまでもプレーできるといっても過言ではない

プレーヤーが受け身になりきれないと
クラブにエネルギーが行き渡らない

　私はイタズラに練習をして時間とお金を使うより、クラブで振り子運動を意識するほうがはるかに役立つと思っています。練習でボールを打つにしても、漫然と打つのではなく、たとえば振り子だけで素振りをしたほうがよっぽど効果があります。

　振り子だけで打つということは、切り返し以降でヘッドが落ちてくるエネルギーを使い、円弧を発生させてボールを打つということです。中には「振り子だけで打つとシャンクする」という人もいるかもしれませんが、それは純粋な円弧の形成ができていないからです。ボールに当てにいって目標方向にフェースを向ける動きが入っています。クラブを押す動きですね。エネルギーのベクトルが間違った方向に向かっているのです。

　振り子は上げたものが単純に落ちてくる動きですから、クラブもその動きに準じれば

体が主導権を握ると下半身が動きすぎる
スイング中にクラブが発生するエネルギーは思った以上に大きい。"棒振り"の要領でクラブを振ると、体はそのエネルギーに負けないようバランスをとる。スイングにおける体の動きのメインはそれ。体が主導権を握ると下半身が動きすぎる

いい。すなわち**ダウンスイングでは、支点であるグリップを引き続ければヘッドが円弧を描きながら落ちてきます。これがクラブにエネルギーを与えるということで、これができると自分は完全に受け身になります。**振り子が機能するだけで、体はバランスをとって勝手に動くのです。

逆にいえば、自分が受け身になりきれないとクラブにエネルギーを与えられない状態になり、よくない意味で体が自由になります。その結果、体が主導権を握ることになり余計な動きが入ってクラブの動きを邪魔するわけです。

棒振りをしっかりやって切り返したり、クラブを下に下ろすと、胸郭や重心にテンションがかかったり、反力がかかってインパクトでジャンプするような動作が入る人もいます。

「下半身リードで振る」などとも言われますが、これは能動的に下半身から動かさなくても、棒振りでクラブをブンブン振ると結果的に下半身から動くようになるということ。でないとバランスがとれないのです。

テークバックでクラブを引き上げたり引いたりする動きも体主導の発想を生む

> Lesson 3　クラブ目線で見たスイングの全貌／スイングは「棒振り」と「面合わせ」でできている

スイング中にフェース面の向きを変える「面合わせ」で
ボールを打ち分ける

　棒振りができるとボールを引っ叩けると同時に打球をコントロールすることもできるようになります。スイング中にフェース面の向きを変えることで、ドロー、フェード、フック、スライスが打ち分けられます。私はこれを"面合わせ"と呼んでいます。

　面合わせとはインパクト時にフェースを開いたり閉じたりすることです。フェースが軌道に対して開いて当たればスライスやフェード系、閉じて当たるとフックやドロー系のボールが打てます。グリップの内圧力変化のある状態でクラブを持ち、右手で棒振りをするとスイング中にヘッドはターンします。当然フェースターンも行われますが、打ちたいボールによってこのターンの仕方を変えるわけです。棒振りと面合わせは別物で、各々が干渉し合うことはありません。棒振りができるとスイングプレーンが整うので、面合わせは簡単になります。**アベレージゴルファーは面合わせを優先するため押す動作**

"面合わせ"ができるといろいろなボールが打てるようになる
"棒振り"でグリップ内圧力変化が起こるとスイング中にフェースターンが行われる。これをコントロールし、インパクト時にフェースを開いたり閉じたりするのが面合わせ。フェースが開いて当たればスライスやフェード系(写真)のボールが打てる

が入り棒振り（スイングプレーン）が崩壊するのです。

ただし、面合わせで球を打ち分ける場合、グリップによってフェースターンの度合いが変わってくるのでちょっと注意が必要です。たとえばスクエアグリップならばフェースを閉じていけばドロー系、抑え気味にフェースターンを入れるとフェード系のボールになりますが、ストロンググリップの場合は抑え気味にフェースターンを入れるとドロー系、フェースを開いていくとフェード系になります。

面合わせができると、卓球と同じくらいのレベルまで面を操作できます。卓球ではラケットを被せるように使ってドライブをかけたり、打面を思い切り上に向けてカットします。サービスではラケットを変則的に動かしてボールに変則回転をつけたりもします。ゴルフではそこまでの必要はありませんが、それくらいのこともできる可能性があるということ。ショットメーカーと言われるプレーヤーはアプローチも上手ですが、それは面合わせが上手いからです。

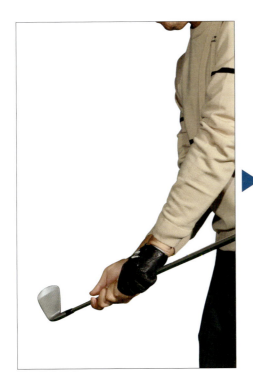

インパクトでフェースが閉じるとフックやドロー系のボールが打てる（スクエアグリップの場合）。面合わせができるといろいろなボールが打てる

Lesson 3 クラブ目線で見たスイングの全貌／スイングは「棒振り」と「面合わせ」でできている

重心の近くを持って打ってみると
面は容易にコントロールできる

　面合わせやスイング中に起きるヘッドの軸回転を体感するには、クラブを極端に短く持ってボールを打ってみるといいでしょう。

　長さが短いピッチングウェッジやサンドウェッジを、ヘッドから30センチくらいのところでグリップし、ボールのところにしゃがんで打つだけです。

　これまでお伝えしてきたように、手の中で内圧変化を感じるようにグリップして打つ

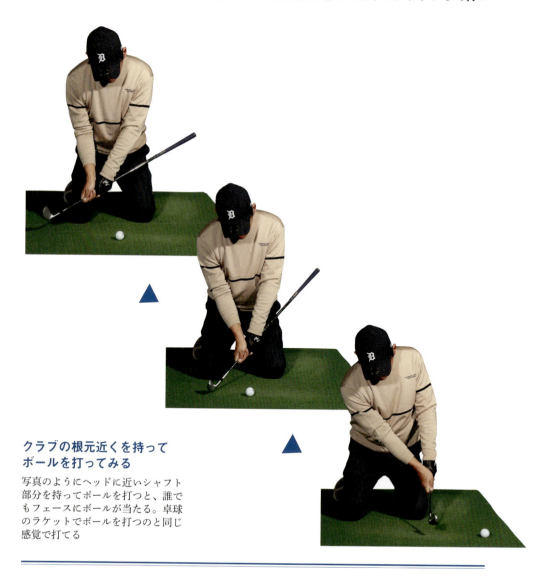

**クラブの根元近くを持って
ボールを打ってみる**
写真のようにヘッドに近いシャフト部分を持ってボールを打つと、誰でもフェースにボールが当たる。卓球のラケットでボールを打つのと同じ感覚で打てる

とヘッドが回転し、手の中でクラブが動く感じがわかります。2〜3ヤードの短い距離を打つなら、このほうが簡単なこともわかります。

言うなれば、これが最小限のクラブの動きで、卓球のラケットでボールを打っているのと同じです。シンプルに打つだけでなく、フェースを開いて打てばスピンがかかり、かぶせて打てば低い球が出るなど、面合わせをすればいろいろな球を打てることもわかります。

だんだんクラブを長く持って本来の長さに近づけていけば打てる距離が長くなりますが、クラブの動きは最小限のときと変わらず周期が長くなるだけです。

普通の長さでグリップして打ってみる
クラブを長く持った場合でも、短く持ったときと同じようにシャフトを軸にヘッドが回れば同じようにボールに当たる

"面合わせ"によるフェース面の動き（スクエアグリップの場合）

ドロー系　開いて下りてきたフェースが閉じながらインパクト。フォローではフェースがターンしている

フェード系　開いて下りてきたフェースが閉じながらインパクトするが、フォローでもフェースターンが少ない

Lesson 3

クラブ目線で見たスイングの全貌／スイングは「棒振り」と「面合わせ」でできている

テークバックからトップはショットの成否を決定づける
ファクターではない

クラブが描いた円を"面"としてイメージしたものがスイングプレーンです。プロのクラブはダウンスイングでプレーン上に導かれ、インパクトではアドレス時に近いライ角でボールを打つ、いわゆるオンプレーンスイングになります。

しかし、テークバックからトップでは、想定されたプレーンから外れるプロもたくさんいます。クラブをインに引いたり、アウトに上げたり、トップではクラブがクロスする人や右肩でクラブを担ぐオーバースイングスタイルになる人もいますが、切り返し以降はちゃんと帳尻を合わせてプレーンに乗せます。

このことからもわかるように、テークバックからトップに至る過程は自由度が高く、ショットの成否を決定づけるファクターにはなりません。一見変則的なスイングのショット巧者も、変則的に見えるのはスイングの前半だけで、切り返し以降は、ここまで話しているとおり、支点である手元がクラブを引っ張っているのでオンプレーンになっています。

アベレージゴルファーの多くは、シャフトクロスやオーバースイングを修正すればすべてがよくなるように思っていますが、人によっては、その動きでタイミングを計っているかもしれませんし、オーバースイングのほうが、ヘッドスピードが上がる人もいます。それでリズムをとっている人もいるのです。

カタチにこだわりすぎるとスイングが破綻する危険に晒されます。ならば枝葉末節にはこだわらず、必要なところだけオンプレーンにすればいい。そしてこれを実現するには、自分がどう動くかより、クラブがどう動けばいいかを考えるほうがはるかに合理的です。

オンプレーンとはグリップ振り子の支点とクラブの重心が揃っている状態です。支点（手元）がクラブを引き続けていると、クラブは自然にオンプレーンになります。これをレッスンすると誰もがすぐオンプレーンになる。ここが勝負どころです。

あとは振り子の考え方。振り子は人が手を加えない限り、ずっと同じ軌道上を動きます。まさにオンプレーンなわけで、振り子のイメージでクラブを動かしたければ、チャンバラでおもちゃの刀を扱うようにクラブを振ればいい。決して難しいことではないはずです。

Lesson 3

クラブ目線で見たスイングの全貌／スイングは「棒振り」と「面合わせ」でできている

テークバックからトップに至るクラブの動きは自由度が高い

テークバックでクラブをインに引く(写真左上)、アウトに上げる(同右上)、トップではクラブがクロスする(同左下)、トップが浅い(同右下)など、普通はよくないとされる形でもちゃんとボールを打てる人がいる。そんな人は、切り返し以降で帳尻を合わせてクラブがプレーンに乗る。手元がクラブを引いてくれば全員オンプレーンになるので、スイング前半の動きは自由度が高い

「体をこう動かそう」とかは考えず、その場で右手でボールを引っ叩く

クラブが自分の周りで円弧を描いてインパクトゾーンで円弧が形成されれば、フェースがボールをとらえて飛びます。クラブさえ動けば飛ぶし、もっと飛ばしたければクラブのスピードを上げればいい。細かいことは気にせずクラブを走らせることです。

クラブを走らせる感覚がない人や、円弧がイメージできない人は、最初のうちは、**自分が今いるところから意図的に動かないことを意識してみてください。クラブさえ動いていればバランスをとるために体は動きます**から、「体をこう動かそう」とかは考えない。その場で、右手を使ってボールを引っ叩きましょう。そこに後付けでフィニッシュをつけるだけで不思議とカッコいいスイングになります。

タイガー・ウッズは、確かに切り返しで腰を切っていますが、手の中でしっかりクラブを引きつけているのでバランスのいいスイングになっています。クラブが動かない人が腰を切っても腕遅れが起きるだけです。プロが「腰を切れ」と言うからと、下半身からしっかりリードしたところで支点が引けていないとアーリーリリースになります。

自分がいるところから動かずにクラブをビュンビュン振る
自分が軸になってクラブが動けばボールは打てる。遠くに飛ばしたければクラブを振るスピードを上げればいい。自分がいるところから動かずに棒を振るように腕でビュンビュン振る

左右に動くのも上下に動いてしまうのも、軸を実感していないからです。自分がそこに居続ける意識さえあれば目線が泳ぐこともありません。インパクトバッグを「バシン！」と叩くときは叩くところを見ていない人はいないのです。

はじめは手だけで振っているように感じるかもしれませんが、実際には体もしっかり動いてくるので勝手に左に重心が移動します。プロのスイング動作では骨盤や胸が開きますが、意識はそこにはないのです。

　スイングアークを左右に分けて考えるとしたら、やることは右のアークで全て済ませる。左のアークは余力に任せてできればOKです。これはアプローチなどの小さい動きでも同じで、調子が悪いときは自分がその場にいなくなっています。

　本来、動作は目的あってのもの。ところがゴルフスイングの場合、動作そのものが目的になってしまっている人がほとんどです。「ああ、今のはイメージ通りに動けた！」となったところで、狙ったところに打てなければ何の意味もないのですが、なぜか「結果はイマイチだったけど、今のは納得」みたいなおかしなことを言う人がたくさんいます。大切なのはクラブの動きなのですが……。

クラブが動かないのに腰を切っても腕遅れを起こすだけ
体の動きをメインにスイングすると、体軸が動きやすくなってクラブをビュンビュン振れなくなる。クラブが動かないのに腰を切っても腕遅れを起こすだけだ

クラブの邪魔をしない感覚を体に染み込ませるには
「夜の素振り」が有効

　クラブを使ってボールを引っ叩く過程では、いろいろな力が発生します。ヘッドがついていない真っすぐな棒なら、振り子は真っすぐ動きますから誰でも普通に振れますが、ゴルフクラブにはヘッドがあり、ヘッドの重心と軸との間には距離がある（重心距離）ので、重心方向に引っ張られます。そのため棒のように普通に真っすぐ振っても、イメージしているのとは違った方向に力が働くことがあります。

　これが難しい点と言えば言えなくもないのですが、結局のところそれを自分で何とかしようとするからおかしなことになる。ボールを打つのはクラブですからプレーヤーが主張する必要はないのです。

　かのベン・ホーガンは「切り返し以降、自分ではなにもしない」と言っています。インパクトに向かってリリースする（離す）だけということです。手を離す感覚でインパクトするとクラブを感じることができます。でも、多くのゴルファーはインパクトでクラブを手の中で押さえ込んで使いクラブ本来の動きを邪魔してしまうため、クラブを感じられないのです。

　かつて世界のゴルフツアーを賑わせたアメリカのフレッド・カプルスやフィジーのビジェイ・シンは、ともにインパクト以降で手のひらが浮く、と言ったらいいでしょうか、明らかに手を放す方向に使っているのを目視することができました。インパクトでクラブを押さえ込まないのでクラブが勝手に動いて飛ぶ。押さえ込んでクラブの邪魔をするから飛ばないのです。

　こう話すと「クラブが抜けてしまうのでは……」と思う人がいるかもしれませんが、クラブのグリップはエンド側ほど太いテーパー状になっていますから、強く握らなくても抜けません。その力加減は練習しているうちにすぐつかめるはずです。

　この感覚を体に染み込ませるには「夜の素振り」が有効です。**暗いため音がよく聞こえるので感覚が研ぎ澄まされます。もっと大事なのは、インパクトゾーンでクラブの残像を観察すること。残像でクラブの動きをイメージすることができます。上級者ほどボールを点で打たずゾーンでとらえています。これができるのはクラブの通り道を知っているからで、それだけ主たるクラブをリスペクトしているということです。**力を出すのはそれからで十分。クラブの能力を引き出せた後、全身をより連動させて全体のパワーアップを図るというのがスイング作りの正しい手順です。

第4章
Lesson 4

スイングはクラブが
リードする

クラブ目線でスイングすれば
直したい動きがすぐ直る

カットやアウトサイド・イン軌道を直すには
アドレスでフェースを閉じる

　ダウンスイングでクラブが立ってアウトサイドから下りてくる、いわゆるカット軌道やアウトサイド・インを直すには、このプロセスでクラブが寝るようになればいいわけですが、これもクラブを尊重しつつ、プレーヤーが本能に従って棒振りできれば簡単に直ります。

　クラブが外から下りるのは、ダウンスイングでフェースをボールに向けたいという本能が働き、手元でクラブを押して使うからです。「スライスは嫌だ」「ボールをつかまえたい」といった思いが脳から体に伝わり、ダウンスイングでフェースを閉じようとするわけです。この一連の動きは無意識に行われているものです。ほかにも切り返しで手元とヘッドが一緒に動いて、両者が下りてくる時間軸にギャップができない、バックスイ

ダウンスイングでクラブがアウトサイドから下りてくるのがスティープダウン

**フェースが閉じた状態で
グリップ&アドレス**
アドレスでフェースを閉じ、そのままスイングするとダウンスイングでクラブが寝てシャロー（スティープとは逆にクラブがインサイドから下りてくる）になる

ングでエネルギーが不足し切り返しから力を出そうとしてクラブを押す、といったことも原因になります。

　これらを防ぐのは簡単で、**アドレスでフェースを閉じておくだけでOKです**。そのままスイングするとダウンスイングでクラブは立たずに寝て、勝手にシャロー（スティープとは逆にクラブがインサイドから下りてくる）になります。

　アドレス時のフェース向きのまま、すなわちフェースを閉じたままクラブを下ろしたら、フェースがとんでもないほうを向いてボールにはまともに当たりません。それがわかっているので、切り返しからダウンスイングでクラブの向きを変える。本能的にクラブを引っ張りはじめて右回りさせるのです。

　こうすると全員ダウンスイングでクラブがインサイドから入って軌道まで変わります。この方法はこれまで、その場しのぎのバンドエイドレッスンと見なされがちでしたが、道具の意識で動きが変わるという意味でスイングの本質を突いています。人間の視覚という本能を使った修正方法になります。

Lesson 4　スイングはクラブがリードする／クラブ目線でスイングすれば直したい動きがすぐ直る

フェースを閉じたままではまともに当たらない

写真のようにフェースが閉じたまま打つと、ボールにはまともに当たらない。それがわかっていると、本能的にクラブを引っ張りはじめて右回りさせシャローに入る

■動画で解説

スイング軌道が変わりクラブがインサイドからインパクトに向かう

グリップ支点の振り子が機能していれば
アーリーリリースにならない

　リリースとは力を解放する動き。振り子運動でボールを引っ叩くためには絶対に欠かせないスイング動作です。

　アベレージゴルファーはリリースが早く（アーリーリリース）、プロは遅い（レイトリリース）のが決定的な違いですが、これもクラブありきで考えるとアーリーリリースは不自然で、レイトリリースが自然な動作であることがわかります。

　特に大事なのはグリップ支点の振り子で、ここが機能していれば意識しなくてもレイトリリースになります。

　といっても決して難しい話ではありません。切り返し以降でクラブを引き続けていれ

クラブ目線でスイングを見ればレイトリリースは自然な動作
グリップ支点の振り子が機能していれば意識しなくてもレイトリリースになる。内圧変化が起きるグリップならば、切り返し以降、クラブを引っ張りきったところでグリップが支点として機能しヘッド

ば、終始、手元が先に動いてクラブが後からついてきます。逆に、手の中でシャフトの機能を使えずに、切り返しでクラブを押している人はアーリーリリースになります。

そうなるとやはりポイントはグリップで、**内圧変化が起きるグリップになっていれば、引っ張りきったところでグリップが支点として機能するため、ヘッドが加速しながら手元を追い越す格好になります**。要は自然な振り子運動です。プロが例外なくレイトリリースなのはこうなっているからで、その結果インパクトが自然とハンドファーストになります。

これに対し、内圧変化のない偏差値低めのグリップだとグリップ支点の振り子が機能しません。するとダウンスイングでクラブを押して使うため、ヘッドが先に落ちてしまいます。その結果がアーリーリリースです。

■動画で解説

＼が加速しながら手元を追い越す

Lesson 4 スイングはクラブがリードする／クラブ目線でスイングすれば直したい動きがすぐ直る

クラブを引っ張り続けることがタイミングよく切り返す条件

　切り返しは、バックスイングの初動とともに、ゴルフスイングにおいてプレーヤーがやるべき大切な仕事になります。トップポジションは、いわばスイングの折り返し点で、バックスイングで上がっていくクラブをUターンさせるのが切り返し。ここで足の踏み込みが入ったりするのは、激しくUターンしている証拠です。このタイミングはクラブと自分の力が拮抗している瞬間なので、この状態を"無重力"などと表現するプロもいます。

クラブを引き続けることで自動的に正しく切り返せる
トップに向かって上がってきたクラブをUターンさせるのが切り返しで、クラブを引っ張り続ける中でできる。写真のようにクラブを動かした場合、上がっていく過程がバックスイング。2カット目から／

切り返しはクラブを引っ張る中でできるものです。始動からクラブを引き続けることでヘッドは正しい軌道に乗ります。引っ張って始動し、引っ張り続けてクラブを上げ、上がっていったところを引き戻すのが切り返し。**一瞬たりともクラブを止めないことでスイングは成立するのです。インパクト〜フォローの8割は切り返しで決まっています。**

　クラブを引っ張り続けると一定の周期ができます。周期ができるとクラブヘッドの最下点は変わりません。ダウンスイングからインパクトの動きを体目線で見ると右から押していますが、クラブ目線で見ると引っ張られているのです。

Lesson 4 スイングはクラブがリードする／クラブ目線でスイングすれば直したい動きがすぐ直る

■動画で解説

＼4カット目にかけての過程が切り返しからダウンスイングのイメージになる

スピーディーな連続素振りでグリップの内圧変化を感じよう

　連続素振りはグリップ支点の振り子があってのもので、ヘッドの最下点を同じにするのに最適な方法です。スピーディーに連続素振りができるほど、手の中でクラブの特性を感じられて内圧変化が起き、クラブを常に引き続けられているということになります。

　まずは右手でクラブを逆さに持ち、ブラブラ揺すりましょう。これが棒振りです。

　L字型の特性を感じるには、右手でクラブを短く持って、同じようにブラブラ揺らします。これでヘッドに引っ張られる力（遠心力）やフェースが開閉するのがわかります。

　最後に両手でクラブを持ってクラブの特性を感じられるか？ わからなければ、グリップエンドをつまむくらいのグリップからはじめて、常に手元がヘッドを引いている状態に近づけましょう。

　これで自然な連続素振りができます。**とにかく押す動作はNG。フォローでも流れず左右対称に引き続けること**。左にブーンと振ってはダメです。手の中の感覚を研ぎ澄ませましょう。

　体の動きは、カスタマイズのレベルなので気にする必要はありません。たとえば体重移動は、クラブを速く振ることによって体がバランスをとって結果的に入ってくるものなので意識しなくていい。意識するほど軸はブレます。クラブを引き続けながら左右対称に動けば軸は決まります。

　また、**速く振れば振るほど軸は安定感を増します。動き方が他の人と変わっていても、それでバランスがとれていればOK**です。

　ゴルフでは一打一打を違ったクラブで打つことがほとんどで、打つ状況も違います。でも、手の中の感覚だけは一定。これがクラブに正しく動いてもらう上での決め手になるのです。

1　右手でクラブを逆さに持ち、ブラブラ揺する →棒振り
2　右手でクラブを短く持ってブラブラ揺する　 →遠心力やフェースの開閉を感じる
3　両手でクラブを持ってクラブの特性を感じる →わからなければグリップエンドをつ
　　　　　　　　　　　　　　　　　　　　　　　　まむくらいのグリップからはじめる

Lesson 4

スイングはクラブがリードする／クラブ目線でスイングすれば直したい動きがすぐ直る

バランスが崩れないように連続で素振りができればOK

順を追って振り子運動をやり、最終的に写真のようなスイングをスピーディーに連続してできるとグリップの内圧変化が起きてクラブを正しく引き続けられている。体の動きは考えなくてOK。連続で素振りをしてもバランスが崩れなければスイングとして成立している

■ 動画で解説

クラブの動きに任せてスイングし体でバランスをとれば
プレーンはブレない

　クラブヘッドの遠心力によって描かれるスイングプレーンは、綱引きで言う、綱が引き合えている状態（力が拮抗している）になっていればブレることがありません。左右の足を前後にズラしても、スタンス幅が広かろうが狭かろうが、クラブの動きに任せておけばブレることはないのです。

　なぜブレるのかといえば、体が主で動き出すから。その場合、中心である体の動きが少しでもズレれば即クラブの軌道はブレます。波が立って軌道が不安定になりますから、体には主導権を与えず受け身の姿勢を崩さないことです。

　ボディターンは、クラブに生まれる遠心力に拮抗するべく勝手に起きる運動です。遠心力はグリップの内圧変化によってもたらされますから、体の動きには個人差があって

クラブが主役なら支点に対して安定した円弧が描ける
体の動きを気にするほどスイングプレーンはブレる。プレーンはクラブヘッドの遠心力によって描かれる。体の動きが少しでも変わることでクラブが敏感に反応するからだ。体に主導権をもたせず受け身／

しかるべきです。

　効率よく運動する際の順番を示したものをキネマティックシークエンスと言います。スイングでは切り返し以降「脚→腰→胴→腕→手→クラブ」の順で動くのがそれにあたりますが、これは、クラブを振った結果、下から動きはじめているという現象をとらえただけで、地球上で立ってクラブを振っているわけですから当たり前のことです。

　特にアベレージゴルファーはプロのように速く振れませんから、できていなくて当然とも言えます。腕を使うことと足を使うことは関連していて、クラブを手で引っ張ることで足も動いてきます。

　とにもかくにも、下半身を含めた体をバランサーにし、支点に対して安定した円弧を描くことがクラブの機能を生かしたスイングにつながります。

　ちなみに、練習では徹底的に、自分の視界に入るインパクトゾーンのクラブの残像を観察することです。体への命令が勝手に少なくなっていき、自然とバランスのとれた動きになっていきます。

> Lesson 4
> スイングはクラブがリードする／クラブ目線でスイングすれば直したい動きがすぐ直る

■動画で解説

＼の体勢でスイングすると支点に対して安定した円弧が描ける。その結果出現するのがキネマティックシークエンスだ

グリップの急激な減速が
アーリーエクステンションを生む

　アーリーエクステンションという動作があります。切り返しでクラブを引かず、押すことによりクラブが早く落ちてしまう。その落ちる動きに対してバランスをとる代償動作がアーリーエクステンションで体が浮いてしまうこと。正確に言うと「体が浮く」ではなく、クラブによって浮かされています。
　直接の原因はダウンスイングでクラブを引けずに押してしまうことです。押すと結果的に、お腹が前に出るような感じになって体が浮きます。左腰が左前方に出て回らず、

インパクトでお腹が前に出たり、体が浮く
ダウンスイングからインパクトでお腹が前に出たり体が浮くのがアーリーエクステンション。体が先に横回転しインパクトで左サイドが詰まる

クラブも急激に減速してインパクトで詰まるのです。

　アーリーエクステンションは、右手を使ってリリースする、すなわちグリップを減速することなく引き続ければ直ります。グリップの急激な減速がアーリーエクステンションの原因とも言えます。

　やるべきことは「お腹を出さない」「体を浮かせない」ではなく、「お腹が出ない」「体が浮かない」ようにすること。この場合、切り返しで、手元でしっかりクラブを引っ張れば、体でバランスをとりはじめます。右手をどんどん振れることで自然に左サイドがどいてくれるのです。

体の回転でなく右手でクラブを下ろしてリリースすれば、インパクトで左サイドが詰まらないのでアーリーエクステンションにならない

左手を作ろうとするほど無駄な動きが多くなる

　トップで左手首が甲側に折れる（背屈）人がいます。こうなるのは多くの場合、プレーヤーがイメージしているトップポジションがあり、そこに向かってクラブを持ち上げてしまうのが原因。いわば左手が強すぎる状態です。左手に力が入ると縦への動きが入りやすくなります。

　左手一本でクラブを持ち、インパクトバッグを叩いていただくと、左手首は背屈しない人が多いと思います。"インパクトバッグを叩く"という目的を左手に与えたことで暴走が止まり、合理的な動きを取り戻すからです。

トップで左手首が甲側に折れるとフェースが開く
イメージしているトップに向かってクラブを持ち上げるとこの格好になりやすい

左手は触れるだけのグリップでスイング
写真のように、右手でクラブを持ち、左手はつまむだけにする

スイングではよくインパクトの形が話題になります。左手は手のひら側に手首が折れ（掌屈）、右手は背屈する。確かにこれはモノを叩くときの形ですが、あくまで目的であるボールを打つためにそうなっているだけ。2つの振り子の合わせ技でクラブがスクエアに動いているからなのです。

クラブは体の機能に合わせてデザインされていますから左手は作らなくていい。作ると、動くものも動けなくなる。右手と左手がケンカをすることになります。

気になる人は、素振りでクラブを感じるドリルをやってみてください。まず右手一本でブランブランと素振り、次に左手一本でブランブランと素振り。最後に両手でブランブランと素振りをすればOKです。

Lesson 4
スイングはクラブがリードする／クラブ目線でスイングすれば直したい動きがすぐ直る

右手は横に動き、左手は縦に動く
左手をつまむだけのグリップでスイングすると右手は横に、左手は縦に動く。トップで左手が背屈するのは縦が強いから。この要領でグリップすれば背屈しない

127

腕遅れが原因のフックは
腕しか振れない状態でスイングすれば直る

　打球が左に曲がるフックは、インサイド・アウトのスイングパス（スイング軌道）が原因で起こることが多い現象です。切り返し以降で体が先に回ってしまい腕が遅れてくる。一般的には振り遅れと言いますが、私からすれば振り遅れではなく腕遅れ。

　なぜなら、クラブ自体は手元に対して遅れて下りてくるのが正解だからです。**本来スイングは振り遅れたいものなのですが、クラブだけが遅れてくる分にはOKですが、腕が体の回転に対して遅れるとなると遅れすぎ。そのまま打つとフェースが開いたままに**

クラブのみならず腕まで遅れるとフックに
切り返し以降で体が先に回って腕が遅れ（腕遅れ）、インサイド・アウトのスイング軌道になって左に飛ぶのがフック。クラブだけでなく腕ごと遅れるところに問題がある

なりやすく、ギュンと手を返してボールをつかまえにいった結果、インパクトでフェースが過度にかぶって左に飛ぶわけです。

これを直すのは簡単で、とにかく手元（グリップ）を引っ張ればいい。腕を振れれば意識して体を回す必要はありません。

解決策としては椅子に腰掛けてスイングしたり、練習場ならヒザ立ちでスイングする。こうすれば腕しか振れません。このイメージをそのままスイングに持ち込めば、腕は絶対に遅れません。立ち姿勢でやるなら、右足を後ろに引いて打つといいでしょう。

体を使って振っている人は、まずその概念を変えてスイングIQを高めることが大事。でないとバランスがとりづらい状況になったときにスイングできなくなります。

> スイングはクラブがリードする／クラブ目線でスイングすれば直したい動きがすぐ直る

右足を後ろに引く

腕だけ振る

腕さえ振れれば腕遅れしない
腕遅れを防ぐにはシンプルに腕を振ればいい。右足を後ろに引いて立つと腕しか使えない状態になるので腕遅れしない

クラブが上がりきる直前に手元を戻して
"行き別れ"状態にする

　クラブがトップポジションにきたときに、スイングが一旦停止する人がいます。もちろんそれでもボールは打てますが、ゴルフクラブを効率よく使う視点に立つと合理的とは言えません。

　トップから切り返しでは、一瞬クラブが置き去りになる感じになります。私はこれを"行き別れ"と呼んでいますが、たとえば正面の地面に置いたインパクトバッグを"バシン！"と強く叩こうとしたら、**クラブが上がりきったところで一旦停止する人は誰もおらず、クラブが上がりきる直前に手元を戻して"行き別れ"状態にします**。クラブが

トップで止めてから振り下ろすと……
トップでクラブを止めると少ないながらも重みを感じるので、力を使って引き下ろさなければならない

上がっていくエネルギーと手元を下ろすエネルギーを拮抗させることで、余計な力を使うことなく勢いよくクラブを振り下ろせるからです。

　クラブを上で止めると、もう一度力を使って引き下ろさなければなりませんが、動いていれば力は少なくて済みます。スティックを使ってドラムを叩き続けるのと同じで、エネルギーを保存したまま止めないで動くわけです。

　布団叩きするときに一旦止めてから叩くでしょうか？ 釘を打つときだって止めることはありません。止めると一気に重みがきて再度動き出すのが大変です。なにより、行き別れしないことにはヘッドが遅れて動かない。行き別れさえできればアーリーリリースにはなりません。

トップから切り返しで一瞬クラブが置き去りになる
切り返しは"行き別れ"。写真のように正面に置いたものを強く叩く場合、上がりきる直前に手元を戻して"行き別れ"を作ると力を使わなくても勢いよく振り下ろせる

Lesson 4 スイングはクラブがリードする／クラブ目線でスイングすれば直したい動きがすぐ直る

テークバック時のエネルギーがクラブを上昇させる原動力

　環境的にはなかなかできないかもしれませんが、クラブのエネルギーを体感するには、テークバックで手を離してみる方法もあります。バックスイング側にクラブを投げる格好になりますが、こうするとテークバックでクラブがわずか30センチ動いただけでも、クラブはとんでもなく飛んでいきます。

　スタートでそれだけ飛ぶということは、クラブにそれだけエネルギーが宿っていると

エネルギー不足のテークバック
手でクラブを持ち上げたり（右）、クラブを引かずに体を回転させてノーコックでテークバックすると、クラブに宿るエネルギーが不足する

いうこと。グリップが支点としてちゃんと稼働すれば、クラブが一気に上昇することを示しています。

　テークバックでコッキングできない人は始動時のエネルギーが不足しています。手元に力をかけられずに体の回転だけでスイングをスタートする人やノーコックのプレーヤーも、同様にエネルギーが不足している可能性があります。ただ、同じノーコックタイプでも、手の中でクラブを押さえずグリップ内圧力変化があれば、切り返しで行き別れができるのでクラブにエネエルギーを与えることができます。

テークバックではクラブが右に飛ぶくらいエネルギーが出る
クラブを引いてテークバックした瞬間にクラブから手を離すと、クラブが右サイドにビュンと飛ぶ。テークバックではそれだけエネルギーが発生するということ

Lesson 4 スイングはクラブがリードする／クラブ目線でスイングすれば直したい動きがすぐ直る

スプリットハンドグリップで振ると
レイトリリースの感覚がつかめる

　支点が小さいほどゴルフクラブは扱いやすいですが、それを理解するには右手と左手の間隔をあけてグリップするスプリットハンドで打ってみるといいでしょう。

　スプリットハンドでは、右手が支点で左手が力点になります。支点と力点がはっきりしているので動かしやすい。また、右手も背屈しやすいのです。

　ダウンスイングからインパクトでクラブを引き続けると支点が左に移動し、最後の最後で解放されるレイトリリースになります。

　アーリーリリースになる人は右手が力点になっているため、ダウンスイングからインパクトの過程でクラブを押す動作が入ってきます。結果、インパクト前にヘッドが手元を追い越してしまうわけです。

　スプリットハンドで右手を動かすのは結構大変ですから、その動きを繰り返すことでアーリーリリースがなくなってきます。右手を背屈しながらクラブを下ろせば右ヒジも入ってくるので、何も考えなくてもクラブが効率的に動きます。

スプリットハンドだと右手でクラブを押せない
スプリットハンドでは右手が支点、左手が力点になる。アーリーリリースの人は右手が力点になっているためダウンスイングからインパクトでクラブを押す動作が入ってくる。スプリットハンドなら右手が背屈しやすいのでアーリーリリースになりづらい

第5章
Lesson 5

クラブ目線で
ラウンドする

スイングを磨いても
スコアがよくならない理由

クラブ1本でゴルフを覚えてレジェンドになった
セベ・バレステロス

『マスターズ』2勝、『全英オープン』3勝。『日本オープン』も2度制し、2011年に亡くなったスペインのレジェンドゴルファー、セベ・バレステロス。キャディのアルバイトをしていた兄の影響でゴルフを知り、8歳のときにはじめて3番アイアンを手にしました。以来、かたときも3番アイアンを手放さず、ひとつのボールが擦り切れるまで打ち続けました。

当初はラウンドも3番アイアン1本だけ。あらゆる距離を打ち分け、ラフからもバンカーからも脱出。さらに、さまざまな打ち方を独自に習得し、わずか12歳でスクラッチプレーヤーになったといいます。

1本のクラブでラウンドするには、クラブ目線に立たないわけにはいきません。ボールを上げるにはフェースを開き、低い球を打つにはフェースをかぶせてロフトを立て、コントロールするには短く持つなど、その都度クラブに意識を向けなければなりません。3番アイアンでバンカーショットすることを想像してみてください。

1979年の『全英オープン』で駐車場からピンに絡めたショットはあまりにも有名ですが、クラブのことを知り抜き、体の一部となっていたセベだからこそ生まれた伝説です。

セベのストーリーからも、クラブを知ることはゴルフを知ることなのだと私は思います。クラブ1本でラウンドする機会はなかなかないかもしれませんが、練習場でも構いません。1本のクラブでいろいろな球を打ってみてください。必ずラウンドに役立つことがあります。

ということで、この章ではクラブ目線でラウンドすることで、スコアアップに直結する事例やラウンドでミスが出たときの対策などを紹介していきます。

振り子の等時性＝スイングの周期は
シャフトの長さによって変わる

ラウンドでは同じクラブを続けて打つのはレアケースで、一打ごとに違った番手を使います。番手が替わってもクラブの特性は変わりませんから、基本的にプレーヤーがやることはいつも同じです。

ただ、人間には鋭い感覚があるので、スイング時にクラブによって振った感じが変わ

ります。たとえば、クラブセットの中では一番軽いドライバーが、いざスイングすると一番重く感じる、というようにです。

ここで問題です。クラブで振り子運動をさせるとしましょう。一方は45インチのシャフトに300グラムのヘッド、もう一方は40インチのシャフトに同じ重さのヘッドが装着されています（シャフトの重量は同じです）。この場合、双方の振り子の周期はどうなると思いますか？ 同期とは振り子が一往復するのにかかる時間のことです。

答えはヘッドの移動距離がわずかに短い40インチのほうが、周期が短くなります。すなわち、ヘッドの重さには関係なく、スイングの周期はシャフトの長さによって変わります。

これを「振り子の等時性」と言いますが、小難しい話はさておき、**長いクラブはそれだけでも周期が長くなり、かつ遠心力がアップして負荷もかかるため重く感じます**。2つの振り子の組合せでスイングしていただいた場合、アイアンだとすぐにできるのに、長いドライバーだとうまくできない方が一定数おられますが、それはクラブシャフトの長さによって周期が変わるから。おおむねドライバーを速く振りすぎています。

全ての番手でなるべく振り心地を揃えるために、長い番手は軽く、短い番手は重くする設計がクラブにはなされていますが、同時に**プレーヤーは周期を合わせる作業をする必要があります**。ピン（旗竿）を逆さに持って振ると"グワーン"とゆっくりにしか振れませんが、クラブも同じで、リズムは同じでもクラブによって周期が変わるのです。

スイング時はクラブによって振った感じが変わる
クラブセットの中では一番重量の軽いドライバーだが、スイングすると一番重く感じる

周期を整えるには連続素振りが有効です。短いクラブほど早い周期で振れますが、長くなるほどそうはいかなくなるので、そのテンポをスイングに反映させればいいのです。プロのように毎日練習していれば全クラブ同じスイングに感じられるかもしれませんが、アベレージゴルファーの方はそうはいきません。ですから打つ前に周期を合わせるべく連続素振りをしてから本番に臨んでもいいと思います。

プロのスイングは速く見えますが、見たまま、感じたままを真似すると周期が変わってしまいます。周期が変わるとスイングが変わりかねないので、クラブの長さによって周期を合わせましょう。

●スイングの周期：振り子が一往復するのにかかる時間
●スイングのテンポ：スイングの速さ
●スイングのリズム：スイングの長さや間隔のパターンの強弱

振り子の等時性
ヘッドが大きく総重量が重いウェッジを振っても、それほど重くは感じないのは、クラブシャフトの長さによって周期が変わるから。長いクラブはそれだけでもテンポが遅くなり、かつ遠心力がアップして負荷もかかるため重く感じる。これが振り子の等時性

クラブ目線でラウンドすると
ボールのライと打ちたい球筋が重要になる

　スイングはゴルフクラブによって司られますが、一度コースに出たらクラブのことだけ考えてもゲームは成立しません。まず考慮すべきはクラブと芝の兼ね合いです。

　たとえば、ラフにあるボールを打つ場合には、多かれ少なかれ、必ずクラブは芝の抵抗を受けます。抵抗は芝の長短、ボールの沈み加減、順目か逆目かなどによって大きく変わりますが、そうなったときに考えるべきは、**芝（あるいはボール）に対してクラブヘッドがどう入れば目の前の状況をクリアできるか**です。

　芝の抵抗を大きく受けそうなラフでは、ロフトがある短めのクラブのほうが脱出しやすいのですが、同じように抵抗が大きくても、ボールがラフに深く沈んでいたらヘッドの入れ方を変えなければいけないかもしれません。逆にボールが芝の上にあってティアップしたような状態なら、ヘッドがボールの下を潜らないようにスイングでできる円弧の位置を上げるといった工夫も必要。絶対にダフれないフェアウェイバンカーやベアグラウンドなどでは、ファーストコンタクトがボールになるダウンブローが有効など、ケースによって対策が目まぐるしく変わります。

　これはフェアウェイにあるボールにも言えることで、一見ライがよさそうでも、芝質や長さによってはボールが思ったより浮いたり沈んだりしていることがあるので必ずチェックしてヘッドの入れ方をイメージする必要があります。

　アベレージゴルファーの方のほとんどは、**使用クラブを選ぶときにグリーンやピンまでの距離を判断基準にしますが、クラフ目線で考えるとこれが正しくないことに気づきます。ライによってヘッドの入れ方が変わり、それによって対応できるクラブが決まる。**その結果、打ちたい距離を打てないこともよくあります。

　プロはよく「ミスを想定して打つ」と言いますが、距離だけ見てクラブを選んでいたらミスの想定など到底できません。クラブ目線でスイングを考え、ライを見られるようになると「芝の抵抗にあって飛ばないかもしれない」「ラフに引っかかって左に飛ぶかもしれない」「フライヤーして飛びすぎるかもしれない」といったことが想定できるようになります。

ロフトとライ角の観点からクラブを見られると
クラブマネジメントがガラッと変わる

　ゴルフクラブにはロフト角とライ角があります。短い番手ほどロフト角が大きくてライ角が小さく、長い番手ほどロフト角が小さくライ角が大きくなります。クラブの重心がとれた状態で棒振りができれば、どちらも同じようにボールをヒットできるので、前者は高弾道、後者は低弾道のボールになり飛距離差も生じます。

　ロフトとライ角の観点からゴルフクラブを見ることができると、クラブマネジメントがガラッと変わります。

　わかりやすいのは傾斜から打つとき。たとえばツマ先上がりのライでは、どのクラブもアドレスでフェースが左を向きますから、そのまま打つと打球は左へ飛びます。ボールがつかまりやすい大きなロフトの番手ほど相乗効果でさらに左へ飛びます。そのため自分が向いた方にボールを打ち出すには、フェースを開いたり、ロフトが少ない番手を使ってアップライトに構えるといった対策が必要になります。

　クラブ目線で見ると、ツマ先上がりはライ角的にボールがつかまりやすいシチュエーションなので打球が左に飛びやすくなります。逆にツマ先下がりはライ角的にボールがつかまりづらくなりますから、これらを考慮してターゲットを設定したり、使用クラブを替えたりしなければなりません。

　ロフトについては打球の高さにダイレクトに影響するので、番手ごとにどれくらいの角度でボールが飛び出すのかを把握しておくと実戦で役立ちます。林からレイアップするとき、上に張り出した木の枝に当たるのはロフトの意識が希薄だからです。

　アベレージゴルファーの方の多くは、トラブルショットの打ち方を、ボール位置はここ、スタンス幅はこれくらい、というように体の意識でマニュアル的に覚えています。仕方のないことかもしれませんが、そもそもこれらの要素は、クラブをどう使いたいかによって後から決まってくることで、クラブに従っているにすぎません。

　その点、トラブルショットはクラブ目線でラウンドしているかを試すいいチャンスです。間違ってもいいので、クラブ目線で対応してみてください。クリアできれば自信がつきますし、思った通りにならなくても経験値として生かせるはずです。

長い番手で右に飛ぶようなら、まずはテンポをチェックする

　短い番手はボールがつかまるけれど、長い番手だとつかまりきらず右に飛ぶ。あるいは長い番手はつかまるが、短い番手は左へ飛ぶ、といった場合、スイングのテンポに問題があるかもしれません。棒振りができて体がバランスをとっていれば、切り返し以降でスイングプレーンが大きく乱れることはないので、まずはスイングテンポをチェックするべき。ラウンドではなおさらです。

　とりわけ**飛ばしたい思いが強くなる長い番手で、アベレージゴルファーは打ち急ぎになりがち。ハンデの多いプレーヤーほどこの傾向が顕著です。**

　クラブが長いのに加えてロフトも立っていますから、こうなるとインパクトでヘッドが戻りきらず右に飛びやすくなるので注意が必要です。プロは「スイングで大事なのはリズム」とよく言いますが、正確に言うとテンポなのかもしれません。

　ただ、ビギナーやアベレージゴルファーの方で、クラブの重心がとりきれていない場合は話が別で、長い番手はフェースが閉じきらずにインパクトを迎えることがよくあります。心あたりがあったら、フェースを閉じて始動したり、重心アングルグリップ（54ページ参照）を作ってから打ってみてください。ボールがつかまってくるはずです。

飛ばしたい長い番手ほどスイングのテンポが崩れやすい

棒振りに対して体がバランスをとれていれば、切り返し以降でスイングプレーンが大きく乱れることはないので、まずはスイングテンポをチェック。飛ばしたい長い番手ほど打ち急いでテンポが早くなりやすい

フェアウェイウッドやユーティリティも
クラブ目線に立てば普通に打てる

　フェアウェイウッドやユーティリティが当たらない、あるいは飛ばないという方が多いようですが、スイングの運動パターンはもちろん変わるわけではありません。当たらない原因として考えられるのは、飛ばそうとしたり、ボールを上げようとする思いが強く入ったりすること。つまり、クラブで円弧が形成できていないことによる部分が大きいと思います。

　このような症状に対して送るアドバイスはただひとつ。**しっかり棒振りをして、インパクトゾーンの円弧を形成すること**です。

　「広いソールを滑らすようにボールの手前からヘッドを入れる」と言われますが、これは結果で、目指すべき形ではありません。とにもかくにも、円弧を形成してインパクトゾーンを長くすればいいのです。これさえできればボール2〜3個分の範囲は全部当たるようになります。

円弧が右にズレて起こるダフリは
ヘッドを閉じた素振りで止まる

　アイアンでグリーンを狙う場合、左右に曲がるのはある程度仕方ないと割り切れますが、ダフリやトップ、とりわけ前進できないダフリは極力なくしたいものです。とはいえ、ダフリを誘発するスキル上の問題点は人それぞれですし、ラウンド中に修正するのも賢いやり方ではありません。

　そんなとき、私はよくお客さんに「クラブの重心を利用しましょう」とアドバイスします。原因は人それぞれでも、クラブの自然な動きを妨げていることは共通しているからです。

　たとえば**スイングの円弧が右にズレることでダフっている人にはアイアンのヘッドを閉じた状態で素振りをしてもらいます**。こうするとヘッドの重心が自分から見てシャフトの左側に固定されます。そのため、切り返し以降でクラブに引っ張られる力が強くなり、バックスイングサイドよりフォローサイドが大きなスイングになります。左への重心移動も幾分早くなってスイング軌道がダウンブローに近づくため、ダフりづらくなります。

ボールがつかまらないときはトップラインをスクエアにセット

　アイアンでボールがつかまらない場合、アドレスの時点でフェースが開いている可能性があります。

　アイアンのヘッドには、ウッドのように奥行きがありませんが、アドレス時の自分から見て、ヘッドの重心がシャフト軸の延長線上より右側にあることは変わりません。つまり、なにもしないでスイングすればフェースが開くということ。ただでさえ開くわけですから、アドレスで開いていたらお手上げです。

　これを直すには、クラブの重心に対してスクエアに構える。すなわち、**アイアンヘッドのトップラインが、ターゲットラインに対してスクエアになるようにセット**します。こうするとインパクトでハンドファーストになりやすいので、ボールがつかまってきます。かつてはこのように構えるプロが結構いました。

ラウンドこそクラブを
うまく使うことを考える

クラブヘッドの重心はシャフト軸の延長線上より右側にある。そのまま振ればフェースは開くので、「クラブの重心に対してスクエア＝ヘッドのトップラインが、ターゲットラインに対してスクエアになる」ように構えてスイングするとボールがつかまる

打つ前に右手一本で素振りをするのがおすすめ

この章の締めくくりとしてアプローチについて言及しておきましょう。

アプローチは右手一本で打つイメージで動くとうまくいく人が一定数います。打つ前に、ターゲットに寄せるイメージを出しながら右手一本で素振りを繰り返しましょう。右手一本だと、ゆっくり小さめの動きのアプローチでも、みなさん勝手にグリップで引けるからです。

「ボールを投げるように振る」とも言われますが、これもイメージの出し方としては同じです。打つ前に、いちいちボールを投げているわけにはいきませんからクラブを振る。このほうが実戦的です。

ただ、ボールを投げるような感覚はもっていいと思います。クラブが動きたいように動き、グリップ支点の振り子が稼働します。振り幅が大きくなればヘッドスピードも速くなり、これがそのまま距離感出しにつながります。

打つ距離によってはグリップ支点の振り子だけ稼働する感じになります。その場合はワッグルだけで打つイメージ。その場で右手首をヒンジさせて（右ページ上写真）ヘッドを上げ、クラブヘッドをストンと落とす感じ。右手のリストを使って、ごく近い場所にボールを投げ落とすようにします。振り幅は小さくても、常に手元（支点）がクラブを引いているわけです（アプローチではクラブのエネルギーが弱くてもいいので、手首のヒンジやコックを少なくして打つのも有効です）。

ラウンドでうまく寄らないときは、右手一本で打つ感覚に近づけてみるのも手です。要は左手が邪魔をしないようにする。アベレージゴルファーの方のミスの多くは、インパクト前後で左手が甲側に折れることで起こるので、こうならないようにするわけです。

具体的には**左手はクラブを握らずつまむだけにする。このとき左手を手のひら側に折り、その形をキープしたまま打つと甲側に折れないため、インパクト前後でヘッドが低く長く動きます。**

つまんで打つのが不安なら、左手の人さし指を右手の上にかける、逆オーバーラッピングで握ってもいいでしょう。

また、アプローチではどんな距離を打つにしても、インパクトで緩まないことが鉄則です。アベレージゴルファーの方とラウンドしていると、これができずにショートやトップする方をよく見かけます。

緩まずインパクトするには、アドレスでインパクトの形を作っておき、それを再現するのもありです。アプローチは「アドレス＝インパクト」といわれますが、実際にはイ

ワッグルだけで打つイメージ

右手一本でクラブを持ち、右手首をヒンジさせてヘッドを上げ、クラブヘッドをストンと落とす感じでボールを打つ。ラウンドでうまくいかないときは、この感覚に近づけてみる。左手はクラブをつまむだけにして打ってもいい

緩まずにインパクトするには、アドレスでインパクトの形を作っておき、アドレスに戻すように打ってもいい。インパクトはハンドファーストになるので5度くらいロフトが立つ

Lesson 5　クラブ目線でラウンドする／スイングを磨いてもスコアがよくならない理由

ンパクトでハンドファーストが強まり、5度くらいロフトが立ちます（球を上げる場合は別です）。これに伴い、バランスをとるため結果的に体重が左足に多く乗ります。アドレス時が6：4の左足体重なら、インパクトは8：2くらいのイメージでしょう。こうしてインパクトの形を作ったら、そこから始動し、終始体はそのバランスを保ったまま棒振りをすればOK。クラブ目線で全てを揃えればアドレスもインパクトもオートマチックに決まります。

プロがアプローチで寄るのはクラブの機能を使い "ゾーン"で打っているから

　よほどライが悪くない限り、プロはたやすくアプローチショットを打ちますが、これはクラブの機能をちゃんと使っているからです。

　ほとんどのアベレージゴルファーは、ボールを"点"でとらえようとしています。そのため、ダフらないようアタックアングルを鋭角にしたり、ヘッドが手前に落ちる前に当たるようボールを右に置きます。「右に置いたボールを上からコツン」みたいな感じで打つわけです。でも、点でとらえることに変わりはないので成功率は低いままです。

　これに対し、プロや上級者はダフってもいいくらいのつもりで振り子を稼働させます。点ではなくゾーンでとらえるのです。なぜ、これでも寄るのかといえば、ウェッジがそう使えるようにできているからです。

　ウェッジにはソールにバンスという出っ張りがあって、リーディングエッジが地面に刺さりづらい構造になっています。**バンスから地面に落とすイメージで打つとソールが芝の上を滑り、手前からボールを拾っていく感じになります。ボールの真下にきっちりリーディングエッジを差し込まなくても、アバウトに入れればいいのです。**

　バンス角にもよりますが、フェースを開くほどバンスを使いやすくなります。プロがフェースを開くのはバンスを使いやすくするため。フェースを開くと振ってもボールが高く上がるだけで飛ばなくなるので、アプローチでは武器になります。

　ちなみに、飛びすぎを防ぐ目的で、アプローチではわざとフェースの芯を外して打っているプロがたくさんいます。これも飛びすぎを防止するための方策。ショットにしてもアプローチにしても、アベレージゴルファーの方は全部フェースの芯でボールをとらえようとします。しかし、クラブ目線で考えると、そこまで理想を求めなくてもいいことがわかります。アプローチはその典型です。

第6章
Lesson 6

「クラブが主で、体が従」
マスターメニュー

MENU 1

クラブヘッドの動きを観察してヘッドの残像を頭にとどめよう

この章では、考えることなく繰り返すだけで「クラブが主、体は従」のスイングになる練習法を紹介していきますが、その前に、すべてのゴルファーに絶対にやっていただきたいことをお伝えします。

それはスイング中のクラブヘッドを観察して、その残像を頭にとどめることです。

たとえば打つボールを真ん中に置き、ボールやティを配置した状態で打つとヘッドの像を結びやすくなります。私はこれを"邪魔者ドリル"と呼んでいますが、これだけで誰でも一気に「クラブ意識」が一気に高まります。

これは私がコーチしているプロもやっているドリルですが、あるプロはボールと邪魔者の間隔をすごく広くとったにもかかわらず、怖がって打てませんでした。シード落ちしているときでもあったのでどん底の状態でしたが、プロでもそうなのです。今はボールぎりぎりに邪魔者を置いても打てるようになっていますが、それは自分のヘッドの通り道が確保されたからです。

ゴルフスイングが良くなるとは、振ったときに自分のクラブの通り道と高低が完全に把握できるということです。それには、まず見て覚えなければいけません。私のレッスンは観察することからはじまることが多いですが、これもその一環です。

レッスンしていると、クラブヘッドの動きを観察したことがない人がたくさんいます。みんなボールだけ見てなんとなくクラブを突入させているので残像がないのですが、そんな人が残像を見られるようになると、アウトサイド・インやインサイド・アウトが直ります。頭に残像がとどまるだけで、きれいな円弧を描けるようになるのです。見るだけで自動補正能力が働いてイレギュラーな動きをしなくなるのでしょう。

考えてもみてください。残像が把握できていないのに、傾斜やボールが沈んでいるライからどうやって打つのでしょう？ また、どうやってドローやフェードを打ち分けるのでしょう？ いずれもクラブの通り道をイメージしないことにははじまりません。

まずは上から見た二次元の映像だけで構いません。その残像が入ってくれば、あとは芝を擦るか擦らないかでヘッドの高低が見えてきます。観察し続ければヘッドの軌道とヘッドに入射角が同時に手に入るでしょう。もし、それらを把握してコントロールできるようになれば、これ以上この本を読み進める必要もありません。

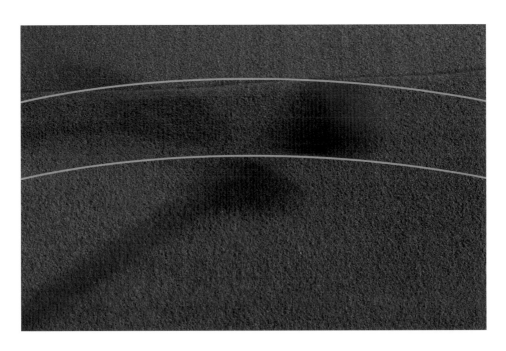

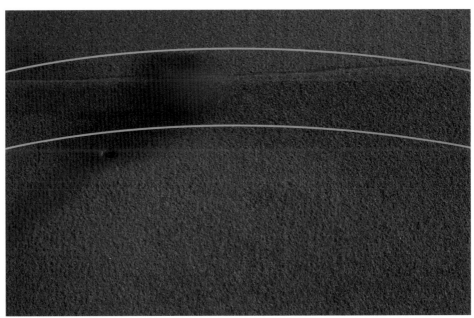

残像を見ると「クラブ意識」が一気に高まる

スイングが良くなるとは、自分のクラブの通り道やヘッドの高低が把握できるということ。まずヘッドの残像を見なければはじまらない。写真のように、上から見た二次元の映像だけでいいので残像を見るクセをつけよう

Lesson 6 「クラブが主で、体が従」／マスターメニュー

MENU 2

ヘッドを置き去りにしてテークバックする「犬の散歩」

　振り子運動の始動のきっかけをつかむ練習で、これによりクラブ主導でスイングをスタートできます。

　クラブヘッドを置き去りにして手元だけ右に動かします。ヘッドがワンちゃん、シャフトがワンちゃんにつけたリード（引き綱）、ご主人は自分。自分が動くとワンちゃんがついてくるイメージで、私はこれを"犬の散歩"と呼んでプロにも練習メニューとしてやってもらっています。

　始動では手元の支点が右にズレますが、ヘッドがあとからついてくるので、その重さを感じられます。グリップを強く握って手首が固定されていると、うまくヘッドを引けません。終始クラブを引きながら振り子運動に持ち込めるようにするのが狙いです。

■動画で解説

地面に置いたクラブをズルズル引いて歩く
クラブをつまんで持ち、写真のようにヘッドが追随するように引いて歩く。これがクラブを引くということ。止まった状態でヘッドを左右に引く動きもやってみよう

「犬の散歩」の要領でスイングすると……

スイングの始動時は手元の支点が右にズレてクラブヘッドがあとからついてくるが、手元を左に戻すとヘッドが手元に追いつく。クラブを引っ張り続けると再びヘッドが遅れ、次に手元に追いつく過程でインパクトすることになる

MENU 3

右手の親指、人さし指、中指でクラブを
つまむように持って振る

　第3章でスイングは右手に持った棒でなにかを叩く動作（棒振り）とお伝えしましたが、そのイメージをスイングに適用するメニューです。

　右手の親指、人さし指、中指でクラブをつまむように持って振るだけです。こうすると、テークバックからダウンスイングまでクラブを引き続けることができ、終始「クラブが主、体は従」になります。

　うまくできなければアドレスは両手でグリップ。始動するタイミングで左手は親指と人さし指でつまむだけにして右10：左0のバランスでスイングしてもいいでしょう。

右手は握らずつまむだけでOK

これまでの内容で紹介してきた右手一本の棒振りをそのままやる。右手は握らず、つまむ感じでいいので「犬の散歩」と同じ要領で、右手一本でクラブを引きながらスイングする

✕ ダウンスイングで体から回さないようにする

MENU 4
左腕の付け根の位置が変わらないよう左手一本でスイング

　左手でクラブを持ち、左手一本で「棒振り」をします。体を使わず腕だけで振るのがポイントです。左腕の付け根の位置が終始変わらないように、クラブを持った左手を振りましょう。

　手首は固定せずベアリングのように使ってクラブを引き続けましょう。グリップの内圧力変化があれば、ダウンスイングでクラブが遅れてタメができ、インパクトポジションでハンドファーストになります。うまくいかなければ、アドレスからインパクト直前までは右手を添えておき、そこから先で右手を離して左手にクラブを渡して振りましょう。そこから先はほぼ惰性で動きますが、左腕の付け根の位置が変わらないように振ってください。

Lesson 6 「クラブが主で、体が従」／マスターメニュー

左肩を支点にスイングする

左手一本でクラブを持ってスイング。左肩を支点に棒振りのイメージで振る。右手一本で振るのと同様、体から動かさないこと。インパクトポジションから先はほぼ惰性で動く

MENU 5
右足を一歩後ろに引いた体勢でボールを打つ

　アベレージゴルファーの方は、アーリーリリースなどにより体の右サイドで円を描くタイプのスイングになりがちですが、これはそんな円を左サイドに近づける練習です。

　右足を一歩後ろに引き、ツマ先立ちにして打ちます。感覚的には左足一本立ちで打っている感じです。

　この体勢でスイングすると腕は振れるものの、体の動きは抑制されます。つまり無駄な動きがなくなって腕をしっかり振ることができます。体の正面でクラブを振れてリリースもしやすくなります。

体の無駄な動きがなくなりリリースできる
右足を引いて立つと左足一本で立っている格好になり、アンバランスな状態になる。この体勢で振ることで体の無駄な動きがなくなり、正面でクラブがしっかり振れてアーリーリリースもなくなる

MENU 6
インパクト以降で右手を離し、クラブに軌道を作ってもらう

　ボディターンを過剰に意識して腕と体が一緒に動くと、グリップの内圧変化が起こらずヘッドがターンしなかったり、フォローでクラブを左に引き込むなど、よくない動きを招きます。また、インパクトで左右の手がケンカをするような格好になるため、クラブスピードも減速します。

　これを防ぐには、クラブを正しい軌道に乗せること。その効果的な方法がこのメニュー。クラブに動かされることで腕が正しく動きます。

　普通にスイングをスタートしたら、インパクト直前で右手をクラブから離します。こうすると左腕がクラブに誘導されます。クラブが主の状態になり、大きな円弧を描きつつ体から遠ざかります。

　フォローで左ワキが大きく開きますが気にしなくてOKです。ここに右手がつくことで、左ワキは自然に締まるからです。クラブの慣性で左腕が伸び、大きなフォローができる感覚をつかんでください。

フォローでは左ワキが大きく開く。ここに右腕がつけばワキは自然に締まる

クラブのリードで腕が正しく動く
やり方は簡単で、素振りの途中、インパクトの直前で右手をクラブから離すだけ。こうするとフォロー以降でクラブが機能通り動きたいように動く。左腕はそれに誘導されるので大きな円弧が描かれる

MENU 7
右手に持ったボールを地面に投げつける

　右手に握ったボールを地面に投げるドリル。ポイントはアンダースローのイメージで投げることです。

　まず、ボールを軽く握り、右手のひらを下に向けて、ボールに地面を見せながらテークバックします。次に腕が上がったところで切り返すわけですが、そのタイミングで手のひらを上に向け、ボールに空を見せます。最後に右腕をヒジから下ろすように動かし、

アンダースローのイメージで地面にボールを投げる

アンダースローのイメージで地面に向けてボールを投げる。投げる前のバックスイングでは手の甲を上に向けて動かすとスイングと同じ動きになる

前腕部を左に回しながらボールを投げます。

　言葉にすると難しく感じますが、アンダースローで普通に投げれば、ほとんどの人はこのように動きます。

　ボールを放す直前に右ヒジから下りてくる動きは、スイングにおける切り返しからダウンスイングのプロセスと同じ。ボールを投げるようにスイングすればOKです。

　スライスする人は、終始ボールを下に向けたまま右肩を前に出し、上から地面に投げつけるように振っています。これは明らかに、不自然な動きです。

Lesson 6 「クラブが主で、体が従」／マスターメニュー

■動画で解説

スイングと同じイメージで投げたとき、自分の右前の地面にボールを投げるのはスイングでいうところのアーリーリリース

MENU 8
スイングでもホースを振るように自然に腕を振ればいい

　このドリルでは、無理せず振れる程度の重さで柔らかくてしなるものを用意します。手元と先端の動きに時間差ができるゴムホースのようなものがベストです。やることは簡単で、ホース状のものを持ってスイングするだけですが、その際、まずは体を起こし、水平に振るようにしてください。

　ポイントは手や腕から力を抜き、関節を柔らかく使って振ること。動くのは手元とヒ

手元と先端に生じる時間差を感じよう
クラブを持つときと同様にホース状のもの(写真は練習器具)を持ってスイング同様に振る。ゆっくりからはじめてビュンビュン音をたてるくらいまで振る。バックスイングから切り返し、およびフィニッシュ／

ジから先の前腕部くらいです。スイング同様、右に振るときはヒジから先が右に、左に振るときは左に回ります。その動きだけでビュンと音をたてて振れ、バックスイングとフィニッシュではホースが体に巻きつきます。

　一方、手首や腕の関節を固め、体と一体化させて、体ごと左右に回しているとホースがこのように動かず、先端のスピードが出ないためホースが体に巻きつきません。

　前者のように動いたほうが自然にホースを振れます。後者のほうが振りやすいと感じる人はいないでしょう。でも、多くの人は後者のように振っています。このドリルで腕を振ることがクラブを振ることにつながることを理解してください。

ュではホースが体に巻きつき、手元と先端部の動きに時間差があるのがわかる

バットスイングのようにクラブを水平に振る

　両腕のスムーズなターンが身につくドリルです。真っすぐ立ってクラブを持ったら、野球のバットスイングのようにクラブを水平に振ってください。バックスイング側でフェースが上め、フォロー側で下めを向くように脱力して振るのがポイントです。

　体の前にヘッドカバーを下げてもらい、それを軽く打ってみてもいいでしょう。当てにいくとフェースが返らず、手先が前に出てしまう。これは本来のスイングとは違った動き。ヘッドが下がるので、ヘッドカバーをうまくヒットできません。パーンと当てるには手の中でクラブの重心をキャッチしながら振る必要があります。

　クラブでなくバットでやってもOK。重いバットを振る場合、手首だけで引くのは困難で、やはりヒジから先を回転させざるをえないのです。

　最近はゴルフの素振り専用の細いバットも売っていますから、それを使ってもいい。ゴルフバッグに入れておき、この素振りをするクセをつけると効果的です。

バックスイング側でフェースが上め、フォロー側で下めを向く
クラブを持って真っすぐ立ち、野球のバットを振る要領でクラブを水平に振る。バックスイング側でフェースが上、フォロー側で下を向くようにビュンビュン振る。目の前に下がったボールを打つつもりで振ってもいい

第**7**章
Lesson 7

ゴルフクラブの
基礎知識と
クラブにまつわる
あれこれ

ゴルフクラブの種類

ドライバーとフェアウェイウッドは飛距離を稼ぐクラブ

ゴルフクラブは用途によって種類が分かれます。「飛ばしたいクラブ」「グリーンに乗せたいクラブ」「カップに寄せたいクラブ」とでもなるでしょうか。もちろんカッチリ線引きされるわけではなく、大まかに分けた場合の話です。

飛ばしたいクラブはドライバーとフェアウェイウッド（以下FW）。ここ数年の進化には目を見張るものがありますが、最大の要因はヘッドの重心が低くなり打球が上がりやすくなったこと。国内外を問わずプロはのきなみドライバーの飛距離を伸ばしていますが、かなりの部分がクラブの恩恵によるものです。

もちろんアベレージゴルファーの方への恩恵も大きく、アベレージゴルファー向けに作られたドライバーは昔と違ってスライスしづらくなっています。細かいテクノロジーの説明は割愛しますが、後述する慣性モーメントや飛びの3要素を各メーカーが研究、分析し、それをクラブに反映させた賜物と言っていいでしょう。1つのブランドから、さまざまなタイプのゴルファー向けに性格の異なるヘッドが出ているので、シャフトのマッチングを加味すれば、必ずフィットする1本が見つかると思います。

FWは近年多様化の一途です。かつては1、3、5番が主でしたが、今ではそれ以下の番手もあります。4番あたりまでは難しく感じるアベレージゴルファーが多いですが、それ以下はかなりやさしくなっていて、アベレージゴルファーでも十分打ちこなせるレベルです。5番以下になると打球が上がってコントロール性も高いので、グリーンを狙えるくらいのクォリティがあります。

ユーティリティはその名の通り「役に立つ」機能が満載のクラブ

いつの時代もクラブで最も注目を浴びるのはドライバー。その次にアイアンの順でしたが、**今、アイアン以上に注目されているのがユーティリティ（以下UT・海外ではハイブリッドと呼ばれます）です**。ユーティリティとは「役にたつ」という意味の英単語ですが、その名の通りのお役立ちクラブなので、ユーザーによって飛ばしたいクラブか乗せたいクラブかが分かれます。

メーカーによって3U、5Uといった感じで番手が表示されているものと、ロフト角で表記しているもの、また両方表記しているものもあります。

ここではロフトで説明しますが、10度台後半から30度台までとバリエーションが豊富です。ヘッドの形で分けるとウッド系とアイアン系になりますが、近年はアイアン系が減少傾向でウッド系が多くなっています。ヘッドが大きめのほうが、重心深度（詳細は166ページ参照）が深くなってボールが上がりやすいからだと思われます。

　10度台後半のロフトが立ったモデルはFW、20度台だとアイアンとロフト角がかぶってきます。そのため短いFWとロングアイアンに代えてUTを入れるプレーヤーが増えています。プロもそうで、女子プロのキャディバッグでは5番より長いアイアンはほぼ見かけなくなりました。男子プロでも3、4番といったロングアイアンを入れるプレーヤーは少数派になっています。

　UTの特徴は飛距離が出る割にやさしく打てて打球が上がりやすいこと。FWより短くてミートしやすいため、長い番手のミート率が低いアベレージゴルファーは、FWより平均飛距離が伸びる可能性があります。また、アイアンより重心深度が深く、容易にボールが上がりますからグリーンに止まりやすい。硬くて速いプロのトーナメントグリーンでもその効果は大きく、バックスピンで止める時代から落下角度で止める時代に移りつつあると言えるでしょう。ヘッドが大きくソールも広いので、ラフからでも打ちやすいというメリットもあります。

　ドライバーのヘッドスピードが40m/sくらいのアベレージゴルファーの方ならロフト18～19度で200ヤード前後、25度で170ヤード前後くらいが飛距離の目安になると思います。ただ、10度台後半から20度台前半のUTは、シャフトが長いこともあってアベレージゴルファーの方はミートしづらいかもしれません。

ドライバー

フェアウェイウッド

ユーティリティ

ドライバーとフェアウェイウッド（FW）は飛距離を稼ぎたいクラブ。昨今のアベレージゴルファー向けのドライバーはスライスしづらくなっている。FWは多様化。番手の数が増えて下の番手はショートウッドとも呼ばれる。ユーティリティ（UT）の特徴はFWより短くてミートしやすく、FWより平均飛距離が伸びる可能性があること。ロングアイアンより重心深度が深く、容易にボールが上がってグリーンに止まりやすい

マッスルバックから中空まで作りが豊かなアイアン

かつては軟鉄を鍛えた一枚ものの、いわゆるマッスルバックだけだったアイアンですが、今ではヘッドのバリエーションが豊かです。マッスルバックを含めると、ハーフキャビティ、キャビティバック、ポケットキャビティ、中空、デカヘッドなど、ざっと挙げただけでもヘッドにこれだけの種類があります。

見た目で大きく違うのはヘッドの大きさで、ヘッドが大きいほど、フェースの面積とスイートスポットが広くなっています。

アイアンの場合、単純にヘッドを大きくすると重すぎて振りづらくなりますが、各メーカーが試行錯誤してヘッド重量を軽くしたり、重量配分に工夫を凝らして振りやすくしています。

また、やさしい系のアイアンはロフトが立っているためマッスルバックに比べて飛距離も出ます。同じヘッドスピードのプレーヤーがマッスルバックとデカヘッドを打ったら、後者が15〜20ヤード飛ぶことも普通です。

ただ、アイアンは飛べばいいというものではありません。飛びすぎると短い距離を打つ番手が足りなくなるなど、クラブセッティングの流れに支障をきたすことがあるので注意が必要です。

アイアンは飛べばいいってもんじゃない
アイアンにはマッスルバック、ハーフキャビティ、キャビティバック、ポケットキャビティ（写真）、中空、デカヘッドなどがある。最近のアイアンはロフトが立っていて飛距離が出るが、アイアンは飛べばいいというものではないので注意が必要

バラ売りのウェッジは
ロフト角の違いで選ぶのが一般的

　ゴルフを始めるときに購入することが多いビギナー用のクラブセットなどでは、ピッチングウェッジ（以下PW）やサンドウェッジ（以下SW）まで揃っていることが多いですが、中上級者向けのアイアンセットは、ウェッジが入っているとしてもPWまでで、それ以下はバラ売りのウェッジを買って揃えるスタイルになっています。

　バラ売りのウェッジは、ロフト角の違いで選ぶのが一般的です。たとえばPWのロフトが48度なら52度、56度のウェッジを足して3本体制にする。さらに60度を加えて4本体制にする、といった具合です。これはひとえに、プレーヤーがグリーン周りをどう攻略したいか、また、芝質によって変える人もいます。

　ウェッジの場合、ロフト角だけでなくバンス角にも注意を払う必要があります。バンスとはソールについた出っ張りのことで、これがあるとヘッドが地面に刺さらず、ターフの上を滑ってダフリづらくなる効果が見込めます。また、フェースを開くとバンスが生きるので、アゴの高いバンカーで高い球を打ちやすいといった利点もあります。バンスが大きめなのは、56度以上のロフトが多めのウェッジ。ただ、大きすぎても枯芝やベアグラウンドから打ちづらくなるので、こちらもプレースタイルを考えて選ぶべき。さらに、芝の種類によっても使いやすいものと、そうでないものがあります。

同じロフト間隔で2～3本入れるのがウェッジ構成の主流

アイアンセット外のウェッジはロフト角の違いで選ぶ。セット内のピッチングウェッジのロフトが48度なら、それ以上のロフトを同じピッチで2～3本入れるなど。ロフト構成はプレーヤーがグリーン周りをどう攻略したいかや芝質がポイントになる

クラブヘッドの重心

打球の上がりやすさに影響する重心高と重心深度

　ゴルフクラブには重心がありますが、シャフトと分離したクラブヘッドの内部にも重心が存在します。その重心を取り巻く要素に以下の４つがあります。

1　重心高
2　重心深度
3　重心距離
4　重心角

　これらのどれかが単独でクラブの機能に影響を及ぼすわけではなく、それぞれの組み合わせでクラブのキャラクターが決まります。
　まず**重心高ですが、フェース面上における芯（スイートスポット）の高さを指します。**ヘッド内部の重心からフェース方向に垂線を引き、フェース面と交わったところが重心高になります。
　ウッドとアイアンでは、この垂線の長さが変わります。垂線が短いアイアンは重心高とスイートスポットがほぼ同じですが、ウッドは垂線が長いほど重心高が高くなります。**よく聞く低重心、高重心というワードは、重心高を指しています。**
　ウッド、アイアンとも重心高はモデルによって異なりますが、低いと球は上がりやすく、高いと上がりにくくなります。
　ただ、アイアンの場合はこのイメージでいいですが、ヘッド自体の重心がフェースから遠い位置にあるウッドの場合は、重心高が高くても球が上がりにくいとは限りません。
　これは2の重心深度と関係しています。
　重心深度は、フェース面から重心までの深さのことで、重心深度が浅いと重心高は低く、深いと重心高は高くなります。
　重心高だけ見ると低いほうが球は上がりやすいですが、重心深度が深ければ重心高が高くてもインパクトロフトが大きくなるため球は上がりやすくなります。また、ギア効果（172ページ参照）が高まってスピンがかかりやすくなりますから、バックスピン不足でボールが上がらない人は、重心深度が深いモデルを使うと上がりやすくなります。逆にボールが上がりすぎるなら、重心深度は浅いほうがいいということになります。

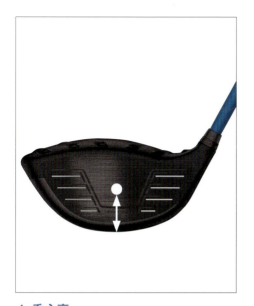

1 重心高
フェースのリーディングエッジからフェースのスイートスポット(重心からの延長点)までの高さ

2 重心深度
フェースのリーディングエッジからヘッド内の重心までの距離

3 重心距離
クラブシャフトの軸線からフェースのスイートスポット(重心からの延長点)までの距離

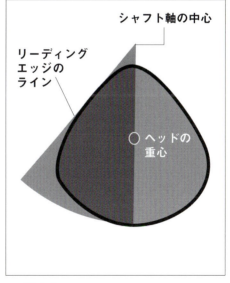

4 重心角
シャフト軸の中心とヘッド内の重心を結ぶ線とリーディングエッジのラインとでできる角度

Lesson 7 ゴルフクラブの基礎知識とクラブにまつわるあれこれ

重心距離はヘッドの回転速度、
重心角はフェースの開閉に影響する

重心距離とは一般的にシャフトの軸線からフェースの芯までの距離を指しますが、シャフトの軸線から重心までの距離と考えても構いません。

重心距離はヘッドがターンするスピードに影響します。同じ重さのヘッドなら、重心距離が遠いほどターンしづらくなり、近いほどターンしやすくなってヘッドがクルッと回ります。

したがってフェースの開閉が多いスイングタイプなら重心距離が短いヘッド、開閉が少なければ重心距離が長いヘッドがフィットします。

重心角もフェースを閉じる動きに寄与する要素のひとつです。クラブヘッドが垂れ下がるようにドライバーをテーブルの上に置くと、ヘッドが斜めになりフェースが幾分上を向きます（右ページイラスト下）。この状態でシャフトの軸線を通る垂線と、傾いたフェース面のラインによってできる角度が重心角です。重心角はモデルによって異なり、フェースが上を向くほど重心角が大きいということです。

重心角の大きさはフェースを返す力と比例しています。大きいほどフェースが返りやすいということ。ボールをつかまらずスライスになる人は、重心角の大きいドライバーを選ぶと軽減される可能性があります。

一般的に重心深度が深いモデルは重心角が大きい傾向にあります。重心角が大きいドライバーは、つかまりがよく、打球が上がりやすい、やさしいモデルと言えるでしょう。

ドライバーほど違いが明確ではありませんが、アイアンもモデルによって幾分重心角が違います。大きいほうが球がつかまりやすいのは同じ。グースネックはストレートネックより球がつかまりやすいですが、これは重心角が大きい場合がほとんどだからです。

ということで、フェースの上下左右方向の慣性モーメント（176ページ参照）が大きいクラブで、なおかつ、つかまり具合がちょうどいい重心角のモデルを選ぶと、今どきのクラブでやさしく飛ばせます。なお、モデルの中には可変式ウェイトやウェイトを入れ替えることで重心角をアジャストできるものもあります。

ヘッドの重心位置および重心高とスイートスポットの関係

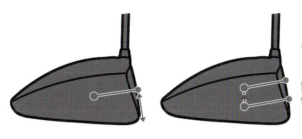

ヘッドの重心位置によりスイートスポットは変わる。重心位置が高ければ高く、低ければ低くなる

重心位置が奥にあるとスイートスポットの位置が高くなる

重心位置がフェースに近づくとスイートスポットの位置が低くなる

ヘッドの重心角

重心角が小さい

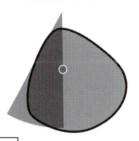

重心が浅い

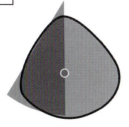

浅重心で重心角が小さいと重心距離は長くなる

重心角が大きい

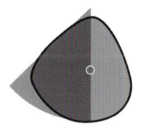

重心が深い

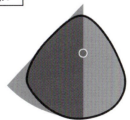

深重心で重心角が大きいと重心距離は短くなる

バルジとロール

フェースについたラウンドのことで、水平方向がバルジ、垂直方向がロール

　バルジとロールとはウッドタイプのゴルフクラブのフェース面につけられたラウンドのことで、水平方向の出っ張りがバルジ、垂直方向のラウンドがロールです。正確にはホリゾンタルフェースバルジ、バーチカルフェースロールと言います。

　ウッド系のクラブにだけバルジとロールがあるのは、ヘッドの素材と形状が関係しています。

　ウッドはその名のごとく、かつては木製でしたが、1848年にそれまで使われていたフェザリーボールに代わり、ガッタパーチャボールが登場しました。ガッタパーチャボールは耐久性があって飛びましたが、いかんせん硬いのでウッドのフェースがへこんでしまう事態を招きました。フェザリーボール時代のクラブのフェースは全て平面だったからです。つまり、バルジとロールは、そもそも硬いボールが当たったときの衝撃を逃すための対策だったのです。

　ところが、**このラウンドは思わぬ副産物をもたらしました。飛距離と方向性が格段に良くなったのです。**

　インパクト時の衝撃は、打点からフェースに対して垂直なベクトルでヘッド内に達します。ウッドの場合フェースにバルジとロールがあることで、芯を外しても衝撃が向かうベクトルが重心方向に補正されます。するとヘッドの回転量が減ってエネルギーロスが抑えられるため、ボールスピードや打ち出し方向のブレが小さくなったのです。

　この効果はウッドのヘッド素材が金属になっても引き継がれました。フェースが金属になり、へこむ心配がなくなった後もバルジとロールが生き残っているのはそのためです。

　アイアンのフェースにバルジとロールがないのは、当初から金属だったためへこむ心配がなかったからです。バルジとロールがあればウッド同様の効果が見込めそうですが、ヘッドに奥行きがあるウッドは、ヘッドの重心位置がフェースから遠いところにあり、奥行きがないアイアンはフェースと重心の位置が近い。そのためウッドで得られるような効果がないので平面のままなのです。

　ちなみにフェースからどれくらいの距離に重心があるか（重心深度）というと、一般的なドライバーで39ミリ弱、アイアンで4.5ミリ程度と圧倒的な差があります。

バルジとロール

バルジ

バルジとはクラブフェースの水平方向に設けられた膨らみ

ロール

ロールとはクラブフェースの垂直方向につけられた膨らみ

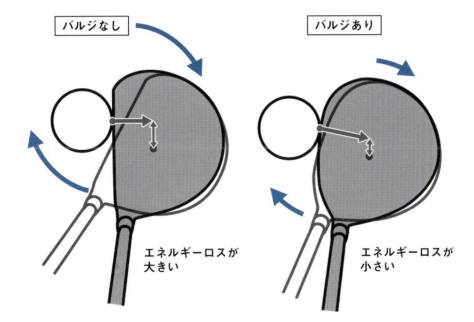

フェースにバルジがある場合とない場合の効果の違い

インパクトでボールがフェースに当たると、フェースに対して垂直方向に力が加わり、ヘッドは重心を中心に回転する。たとえばイラストの位置にボールが当たった場合、バルジがない（左）と重心から遠いところに力がかかってヘッドの回転が大きくなりエネルギーロスになる。これに対し、バルジがある（右）と重心の近くに力がかかってヘッドの回転が少なくてすむためエネルギーロスが少ない

バルジとロールによってもたらされたギア効果

インパクトの瞬間、ボールは潰れ、一瞬フェースに押し付けられて飛び出します。芯を外した場合、ボールが押し付けられるとヘッドは押し付けられた方向に回転します。それに伴って、ボールにはヘッドの回転とは逆方向の回転がかかります。

これがギア効果。芯を外して打ったときにヘッドの回転によってボールにスピンが加わる現象です。

トゥ側でヒットするとフェースは開きますが、ギア効果によってそれが矯正されてスピン軸の右傾が抑えられ、いわゆるフック回転のボールになります。逆のメカニズムで、ヒール側に外れると、いわゆるスライス回転がかかります。トゥ側に当たってボールが右に出るとドロー、ヒール側に当たって左に出るとスライスになってボールがセンター方向に戻ってくるわけです。

ギア効果はバルジとロールがあることによってもたらされる部分が大きいので、フェース面が平らなアイアンではほとんど見られません。

なお、ギア効果はフェースの左右のみならず上下方向にも働きます。ショートウッドやユーティリティが、ロングアイアンに取って代わりつつある最近の傾向は、ギア効果によるところもあると言えるでしょう。

シャフトフレックス

クラブシャフトのフレックスには統一された基準がない

　通常シャフトのフレックスは、X、S、R、A、Lの5つで示されており、Xから順に柔らかくなっていきます。これらの間にXSやSRといったフレックスもありますが、基軸となるのはこの5つで、それぞれ以下の意味があります。

X＝エクストラ(特別硬い)

S＝スティフ(硬い)

R＝レギュラー（普通）

A＝アベレージ(平均的)

L＝リンバー（柔軟）

　一番柔らかいLは"レディス"のLではありません。もっとも、意味的には当たらずとも遠からずで、今ではほぼレディスで定着しています。

　シャフトにフレックスがついたのはスチールシャフトが出回るようになった100年ほど前のこと。それ以前、シャフトはヒッコリーシャフトと呼ばれる木製でした。木は同じようにしなることはありませんし、しなり方を統一する技術もありませんでしたからフレックスは存在しなかったのです。

　シャフトがスチールに取って代わったことで工業製品化され、均質なものを作れるようになりました。その結果フレックスを分けられるようになったのです。

　フレックスには統一基準がありません。現在フレックスの測り方にはベンド法、センターフレックス、振動数の3種類があり、いずれも曲げ剛性を計測する方法ですが、メーカーによって計測方法がバラバラなのです。

　統一された基準がないだけでなく、キックポイント（調子）やトルク（ねじれ）などにも影響を受けるため、正直、硬いか柔らかいかの判断については文章で表すには難しいところがあります。たとえばカーボンとスチールを比べた場合、一般的にはスチールが硬くカーボンが柔らかいという見解が大勢ですが、カーボンのほうが硬いと感じるプロもよくいます。同ブランドでXからLまで5種類のフレックスがある場合でも、一定の違いがあるとは言い切れないのが実際のところです。

173

しなるだけでもダメ、ねじれるだけでもダメ。
双方のバランスが大事

　さらに、シャフトには重量のバリエーションもあり、重量ごとにフレックスの異なるものが用意されています。50グラム台のS、60グラム台のSといった具合です。

　ところが同一の方法で重量の違うSシャフトを計測した場合、重量が軽いシャフトのほうが柔らかく、重くなるほど硬くなっていきます。これは軽いシャフトはスインガー向け、重いシャフトはパワーヒッター向け、といった仕分けがなされているせいです。

　いずれにせよ、フレックスにしても、重量にしても、シャフト単体の差はいろいろありますが、当然のことながらシャフトはヘッドが着いてこそのものです。ヘッドが着いてはじめてシャフトの性能差がわかります。

シャフトフレックスの測り方

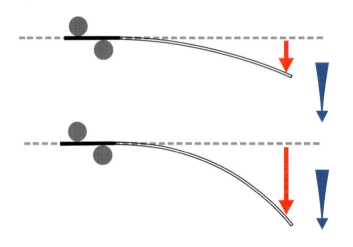

ベンド法

シャフトのフレックスの測り方も統一されていないが、フレックスは主に曲げ剛性を計測する3つの方法が用いられている。ひとつはベンド法で、シャフトの太い側（バット）を固定して先端（チップ）に一定の荷重をかけ、どこまで曲がるかで決める。曲がるほど柔らかい

振動数

もうひとつは振動数の計測。バット側を固定したシャフトのチップ側に錘をつけてしならせ、1分間の振動回数で計測する。硬いほうが振動数が多い。さらに、シャフトの両端を固定し、真ん中に負荷をかけてしならせ、負荷の大きさによって計測するセンターフレックスがある

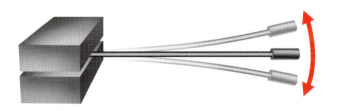

シャフトの役割はヘッドスピードを上げたり、フェースの向きを含め、クラブヘッドを正しいインパクトポジションに導くことです。前者はしなり、後者はねじれといった格好で寄与しますが、スイング中は両者が同時に試されますから、双方のバランスが大事。しなるだけでもダメ、ねじれるだけでもダメというわけです。

話をわかりやすくするために、ここではしなりに限定して話しますが、ユーザーにとってはフレックスが柔らかすぎても硬すぎてもヘッドスピードが上がりづらくなります。前者はシャフトがしなりすぎ、後者はしならないからです。シャフトが適度にしなり、タイミングよくインパクトできるフレックスが、あなたに合ったフレックスということになりますが、こればかりは実際に打ってみないとわかりませんから、選ぶ際には試打が是非必要になります。釣竿を使う場合と同じで、切り返しでシャフトに負荷がかかったあとは、それが自動的に修復していきますから、シャフトを効率よく使うには切り返しが大切になります。

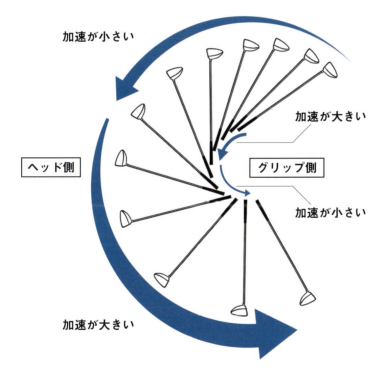

シャフトがしなることでヘッドスピードは効果的にアップする
切り返しからダウンスイング前半はグリップ側が加速し、ヘッド側はそれほど加速しない。ダウンスイングがインパクトに近づくにつれ、逆にグリップ側は減速、ヘッドが加速する。これはシャフトがしなることによって起こる現象だが、しなりすぎるとタイミングを合わせるのが難しくなりヘッドスピードが上がらない

慣性モーメント

慣性モーメントが大きいと回転しているものは止まりづらく、静止しているものは回しづらい

「慣性」とは、運動している物体が動き続けようとする性質を言います。運動状態にある物体は、外からの力（外力）が働かない限りその状態が変わらないため、止まることなく動き続けます。

「モーメント」は、一般的に短い時間や瞬間を意味する英単語ですが、物理学の世界では力の働きや回転させる力の量を表します。クラブ用語として引用されるのは後者で、主にドライバーの性能を表すときに使われます。

2つの単語が合体した慣性モーメントとは、いわば回転運動の慣性。慣性モーメント

ドライバーの3つの慣性モーメント

フェースの左右方向の
慣性モーメント

フェースの上下方向の
慣性モーメント

ネック軸周りの
慣性モーメント

一般的にクラブヘッドの慣性モーメントはヘッドをソールした状態でヘッドが左右方向に回る、地面と垂直な回転軸に対する慣性モーメントを指す（写真左）が、フェースの上下方向やネック軸周りに対する慣性モーメントもある

が大きいと回転しているものは止まりづらく、静止しているものは回しづらいということになります。

　ゴルフクラブで言う慣性モーメントは、通常ヘッドを地面に置き、地面と垂直な回転軸に対する慣性モーメントのことを指しますが、これはフェースの左右方向の慣性モーメントになります。

　同一モデルのドライバーでも、軽いと回転させやすく、重いと回転させにくいですが、ゴルフクラブの場合は総重量が同じでも重量をどこに配置するかで慣性モーメントが変わります。

　すなわち、回転軸の遠くに重量があれば回転させにくく、近くにあれば回転させやすい。クラブを説明する際に重量配分という言葉がよく使われる理由のひとつがこれで、重量をヘッドの外側に配分すると慣性モーメントが大きくなります。

慣性モーメントの大きさとインパクト時のヘッドの動きの関係

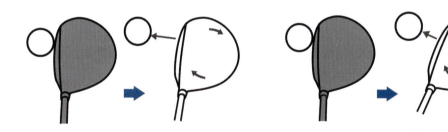

慣性モーメントが大きい　　　　**慣性モーメントが小さい**

イラストのようにインパクトでボールをとらえた場合、慣性モーメントが大きいとヘッドが右に回転する割合が小さいため、ボール初速や打ち出し方向への影響を抑えられるが、慣性モーメントが小さいと影響が大きくなる

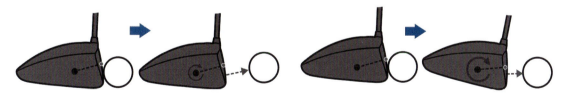

慣性モーメントが大きい　　　　**慣性モーメントが小さい**

フェース上下方向の慣性モーメントはボールの打ち出し角と初速に影響する。イラストのように打点が下にズレた場合、フェース上下方向の慣性モーメントが小さいと打ち出し角度は低く、ボール初速は低下するが、慣性モーメントが大きいと低下をある程度抑えられる

3つの慣性モーメントが打球にもたらす影響とは？

　この他にもフェースの上下方向とネック軸周り、合計3つの慣性モーメントがあり、それらが関連しあってクラブヘッドの動き、ひいては打球にも影響を与えます。

　では、3つの慣性モーメントは打球にいかなる影響を与えるのでしょうか？

　まずフェースの左右方向の慣性モーメントですが、これはボール初速と打ち出し方向に影響します。

　慣性モーメントが大きいほどクラブヘッドは回転しにくく、小さいほど回転しやすくなります。たとえばトゥ側でボールを打った場合でも、慣性モーメントが大きければフェースの向きは変わりにくいので方向性が安定します。また、インパクト時のヘッドの回転は、大きいよりも小さいほうがエネルギーロスは抑えられます。結果、ボール初速が落ちにくくなりますから飛距離のロスも軽減されます。

　次にフェースの上下方向の慣性モーメントですが、こちらは打ち出しの高さとボール初速に影響します。

　ボールがフェースの下部に当たると打ち出し角は低くなります。同時にヘッドが回転することにより、エネルギーロスが起きてボール初速が低下しますが、フェースの上下方向の慣性モーメントが大きいと、打出し角とボール初速の低下を抑えられます。

　打点が左右、上下どちらにズレてもヘッドは回転しますが、ウッドではギア効果が発生します。クラブヘッドの慣性モーメントが大きいほどギア効果も大きいので、方向性とボール初速の安定が期待できます。

　ネック軸周りの慣性モーメントはクラブヘッドがターンするスピードに影響します。これはフェースの左右方向の慣性モーメントの大きさに比例します。すなわち、ネック軸周りの慣性モーメントが大きいほど、クラブヘッドがゆっくりターンするのです。

　ですから、もともとクラブヘッドのターンが大きい人が、ネック軸周りの慣性モーメントが大きいモデルを使うとフェースの向きが戻りきらず、フェースが開いたままインパクトしやすくなります。反対にクラブヘッドが戻り過ぎてフェースが閉じたインパクトになる人もいます。

　ただし、これらはヘッドの特性を物理的に見た場合の話です。3つの慣性モーメントがどうであれ、操作しやすいかしづらいかはゴルファーの感覚によって左右されるところも大きいので、感覚も大事にしなければなりません。

Lesson 7 ゴルフクラブの基礎知識とクラブにまつわるあれこれ

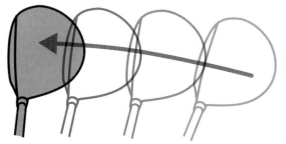

慣性モーメントが大きい

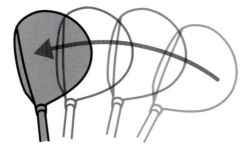

慣性モーメントが小さい

ネック軸周りの慣性モーメントによるヘッドの動きの違い

ネック軸周りの慣性モーメントが大きいヘッドは、ヘッドがターンするスピードが遅くなり、慣性モーメントが小さいヘッドは、ヘッドのターンが速め。直進性が高いヘッドは前者のこと

重心角が大きい　　ボールがつかまりやすい

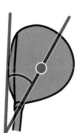 =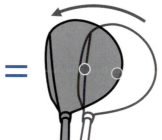

重心角が小さい　　ボールがつかまりにくい

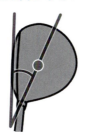  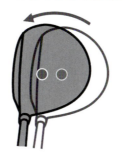

慣性モーメントと重心角の関係

慣性モーメントの大きなヘッドはターンしづらいが、ボールのつかまりは重心角によっても変わる。一般的には、重心がヘッドの奥にあるモデルほど重心角が大きく、重心がフェースに近いほど小さくなっている

179

スピン

ボールが高く上がるのはロフトに加えて
バックスピンがかかるから

　ゴルフクラブでボールを打つと、多かれ少なかれスピンがかかります。このスピンのコントロールが、ゴルフで言う打球のコントロールのすべてと言っても過言ではありません。

　この場合のスピンとはバックスピンのこと。飛ぶ方向とは反対方向に回転がかからないとボールは上昇しませんから、スピンはボールを飛ばすのになくてはならない要素です。

　なぜスピンがかかるのかといえば、ゴルフクラブにロフト角があるから。言い換えると、ヘッドが動く方向に対してフェースの向きが直角になっていないからです。

　ゴルフクラブは番手が下がるほどロフト角が大きく、フェースの面積も広くなり、そのぶんインパクト時のボールとフェースの接触時間が長くなります。フェースに彫られた溝（スコアライン）が多くなることも手伝って、より多くのバックスピンがかかります。短い番手ほどボールが高く上がるのはこのためです。

　クラブヘッドの入射角が鋭角になるとインパクトロフト（35ページ参照）は立ちますが、フェースとボールの接触時間は長くなります。ダウンブローで打った場合にスピンが入りやすいのはこのためです。

　反対に、入射角が緩やかになると接触時間は短くなります。このように、ヘッドの入射角によって接触時間に多少の違いはありますが、スクエアにインパクトしてフェースの芯でボールをとらえれば、誰でも適正なスピンがかかります。

インパクト時のフェース向きとボールのスピン軸の関係

　では、フェースの芯でボールをとらえられなかったらスピンはどうなるのでしょう？これはインパクト時のフェースの向きが関係します。

　たとえばフェースのトゥ側でヒットした場合、当たり負けしてフェースが開くこともあれば、フェースが閉じて当たることもあります。前者はフェースが右、後者は同左を向いてインパクトすることになるので、打球はフェースが向いたほうに飛びます。ヒール側で打った場合でも同様です。

このような当たり方をしても、極端にダフったりトップしない限り、ボールにはバックスピンがかかります。ただ、芯で当たったときと違って、ボールのスピン軸に傾きが生じます。すなわち、フェースが右を向くとスピン軸が右に傾いて右に飛び、左を向くとスピン軸が左に傾いて左に飛ぶというわけです。飛行機が右旋回するときは機体が右に、左旋回するときは左に傾くのと同じ理屈です。

インパクト時のフェースの開閉が大きいほど、また、ヘッドスピードが速いほどスピン軸の傾きは大きくなりバックスピンも減ります。チーピンやシャンクでボールが上がらないのはこのためです。

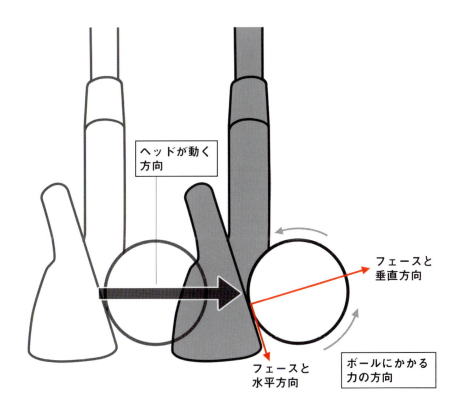

スイートスポットで打った場合にボールにかかるスピン
ここではアイアンで示しているが、すべてのゴルフクラブにはロフトがついている。そのため、インパクトではヘッドの動く方向に対してフェースの向きが直角にならず、ボールにフェースと垂直な方向およびフェースと水平の方向（下方向）に力がかかる。これらによって生まれるのがバックスピンだ

打球を左右に散らさないためにはまずスイング軌道、次にインパクト時のフェース向きに注目する

　スライスの原因はアウトサイド・インのスイング軌道と言われますが、その軌道に対してフェースがスクエアな状態でインパクトすれば、左に真っすぐ飛ぶボールになります。逆にインサイド・アウト軌道で同じことが起これば、右に真っすぐ飛ぶボールが出ます。

　ということで、打球を左右に散らさないためには、まずスイング軌道を安定させるのが先決です。つまり、自分に対して常にイン・トゥ・インに振ることです。

　インパクト時のフェース向きに注目するのはそれからでいい。特にラウンド中は、どれだけアウトサイド・イン、もしくはインサイド・アウトに振っているかなどわかりませんから、フェース向き（面合わせ）を考えたほうがいい場合があります。

　あるデータによると、アベレージゴルファーの多くは、スイング軌道がアウトサイド・

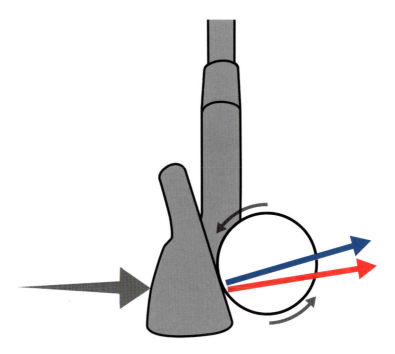

ボールの打ち出しはフェースに垂直よりも低くなる
スイートスポットで打ったボールにはバックスピンがかかるが、ロフトがあることによりボールにはターゲット方向に引っ張られる力も生じる。このためボールの打ち出し角はフェースに垂直にはならず少し低くなる

インであれ、インサイド・アウトであれ、ボールとターゲットを結んだ仮想のターゲットラインに対して5度以内の誤差で振っているそうです。

　この場合、打ち出し方向が5度ズレたとしても、軌道に対してスクエアにインパクトできれば230ヤード先の目標に対するズレは約20ヤード程度ですみます。平均的なコースのフェアウェイ幅は40ヤードくらいですから、フェアウェイセンター狙いでドライバーのティショットを打てば、左右に曲がってもフェアウェイセンターから左右20ヤードの範囲には収まることになります。

　つまり、インパクト時のフェースの開閉がある程度抑えられれば、フェアウェイには置ける可能性が高いというわけです。

　多くのアベレージゴルファーにとって曲がらないクラブとは、目標、あるいは軌道に対してスクエアにインパクトしやすいものと言えそうです。

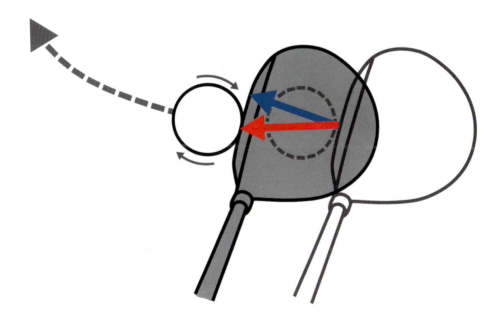

ボールが右に曲がるメカニズム
たとえばドライバーで、軌道に対してフェースが右を向いた状態でボールをとらえるとヒール方向に力が働いてボールに右（スライス）回転がかかる。ヘッドスピードが速いと曲がりが大きく、遅いと小さいのはこの力の大小の違いによるもの

スイングバランス

クラブの総重量に対するヘッド重量の割合

　クラブの性格を表すもののひとつがスイングバランスで、軽いか重いかで判別します。英語ではスイングウェイトといい、A〜Eのアルファベットと数字の組み合わせで表現されています。

　アルファベットはAから順に、数字は1から順に重くなっていきます。A0は最も軽く、E9は最も重いスイングバランスということです。

　クラブのデータでよく目にするのは、D0、D1、D2といった表記だと思いますが、これはD0が標準的なバランスとされているから。バランス計を開発する際にD0を標準にしたという説もあります。一般男性の多くはD0〜D4あたりが適しており、市販のクラブのスイングバランスは概ねこの範囲内です。

　スイングバランスをわかりやすく言うと、クラブの総重量に対するヘッド重量の割合。したがって総重量が重くてスイングバランスが軽いクラブもあれば、総重量が軽くてス

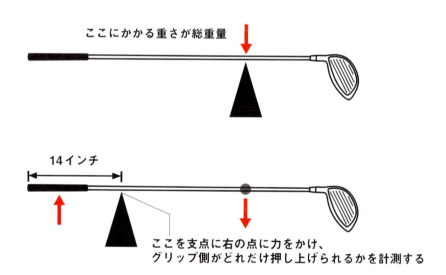

クラブの重さとスイングバランスの違い
クラブの重さとは文字通りクラブの総重量のこと。クラブのバランスがとれるところを秤に乗せて測った重さが総重量になる（イラスト上）。一方、スイングバランスはクラブを振ったときの重さを数値化したもので、グリップエンドから14インチのところに支点を設けたときに、グリップエンド側が押し上げられる力を測ったもの

イングバランスが重いクラブもあります。

　理想はパターを除く13本のクラブで振り心地を統一することです。その意味ではスイングバランスよりも振り心地を優先させるべきです。

　136ページで紹介したように、クラブの総重量が同じでも長いほうが重く感じます。多くの人は長いもののほうが振りづらく感じるわけで、そうなると長いクラブほどスイングバランスは軽いほうが振り心地はよくなります。

　ただ、長尺化しているドライバーは3番ウッドや5番ウッドよりバランスが重くなっていることがあります。また、操作性を重視したいウェッジなどは、扱いやすいようにスイングバランスを調整してもいいでしょう。

　ちなみに、どんなスイングにどんなバランスがフィットするかというと、スイングバランスが重いクラブは、ゆっくりスイングするタイプの人にフィットします。トップで間ができて切り返しもゆったりめ。クラブがゆっくり加速していくタイプです。

　逆にスイングバランスが軽いクラブは、アップテンポでシャープにスイングする人に向きます。トップで間ができず、バックスイングの反動で切り返し&ダウンスイングするタイプです。

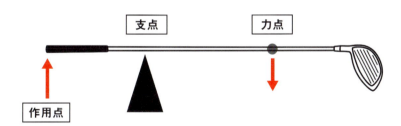

スイングバランスの基本
スイングバランスとは、グリップエンドを作用点、クラブのバランスポイントを力点とした場合に、テコの原理を応用してグリップエンドにかかる力を求めたもの

飛びの3要素

ボール初速、打ち出し角、スピン量の組み合わせで飛距離が決まる

「ボール初速」「打ち出し角」「スピン量」が現在言われている飛びの3要素です。トラックマンなど弾道計測器の出現で、打球のリアルがわかるようになった結果です。

まずはボール初速。覚えている方も多いと思いますが、ドライバーの重量が軽く、長尺になった時代がありました。ヘッドスピードを上げて飛ばそうという発想に基づいた方策です。おしなべてプロは飛距離が伸びましたが、アベレージゴルファーの中には、クラブが長くなることでミート率が下がり、平均飛距離が落ちる方もいました。いつしか長さも規制され、業界は次なる手を打つ必要に迫られました。

こうして登場したのが高反発クラブ。クラブフェースに反発力を高める、いわゆるス

ヘッドスピードによりボール初速の限界値は決まる
飛びの3要素であるボール初速だが、ボールの重さ、およびクラブフェースの反発係数の上限はルールで決まっている。そのためヘッドスピードによって得られる最大のボール初速は、ほぼ決定された状態になっている

プリング効果をもたせてボール初速を上げようというものです。

　ところが、ここにもルールの網がかかり、2008年以降、高反発クラブは違反クラブとなり競技では使えなくなりました。

　これにより必然的に"合法"のドライバーが出せるボール初速が決まったため、それ以外の要素で飛距離を伸ばす工夫をするしかなくなりました。

　そこで白羽の矢が立ったのが打ち出し角とスピン量です。もちろん、それまでの間にも打ち出し角とスピン量が飛びに影響することはわかっていましたが、ボール初速を含め、どれかひとつが突出したところで飛距離が伸びるわけではありません。要は、最も飛距離に反映される組み合わせを探す作業が始まったわけです。

　2010年代に入った頃、多くのアベレージゴルファーの弾道は、打ち出し角が低く、スピン量が多くなっていました。ということはこの反対、高打ち出し、低スピンになれば飛距離が伸びることは明白です。数値的に最善の組み合わせが判明していたわけではありませんが、ひとまずは今より打ち出し角を高くし、スピン量を減らすことがベンチマークになりました。

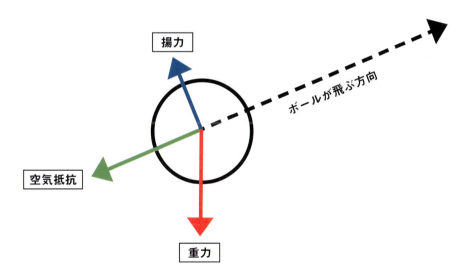

飛球にかかる力

ショットにより空中に放たれたボールには、重力、空気抵抗、揚力が働く。重力は下に落ちようとする力、空気抵抗は飛んでいく方向と反対に働く力、揚力はバックスピンにより上に上がろうとする力。揚力はボールを浮かせる力だが、打球が頂点に達するまでは飛球方向に対して後ろ向きに働くことになるので抵抗となる。また、バックスピンが少ないと重力に対する力が弱くなるため落下が早くなる。これが"ドロップ"と呼ばれる現象

ヘッドスピードが遅ければ、やや高い打ち出し角＆スピン量が多めだとキャリーが出やすい

　バックスピンによって生じる揚力は、重力に抗する力になりますが、ボールが最高点に至るまではボールを後ろに引く力も働くので、バックスピンが過多になると飛びません。とはいっても、バックスピンが少なすぎると重力に抗する力が弱まるので打球が失速します。いわゆるドロップになるわけです。バックスピンについては、極力両者の影響を受けない回転数にして、いい塩梅の揚力を発生させることがテーマになりました。
　しかし、前述したように飛びの3要素は組み合わせによって成立します。ボールスピードを念頭に置いた場合、ボールスピード（ヘッドスピードと考えてもOKです）が速いほど、適正スピン量は相対的に少なくなります。
　一方で、同じ角度で打ち出されたとしても、ボールスピードが速いほど打球の最高点は高くなります。ボールを下に落とす力（重力）は一定なので、ヘッドスピードが速い

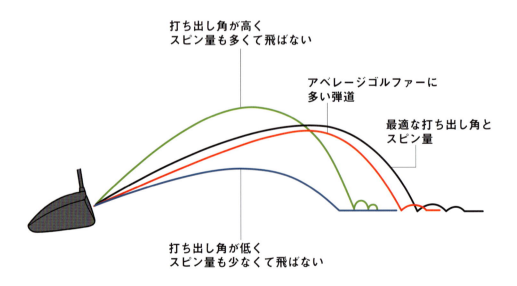

打ち出し角と弾道の関係
打ち出し角は高すぎても低すぎてもよくない。高すぎる＝スピン量が多いということなのでボールが上がりすぎ、飛球方向と反対の力も働くので飛ばない。逆にスピン不足だと打球が上がらず早く着弾するので飛ばない。アベレージゴルファーの場合、スピン量が多く弾道が低い傾向がある

人のほうが、適正打ち出し角は低くていいことになり、ヘッドスピードが遅ければ、やや高めの打ち出し角と多めのスピン量が必要になります（スピン量については毎分100 ～ 200回転のわずかな差でしかありませんが）。

　このようにしてトラックマンなどの弾道計測器でデータをとり、分析を重ねてきた結果、ヘッドスピード毎に理論上最も飛ぶ3要素がわかってきました。

　たとえばヘッドスピードが40m/s前後の一般的なアベレージゴルファーの方なら、打ち出し角は16度前後、バックスピンは毎分2300回転前後という具合。ヘッドスピードが遅ければやや高い打ち出し角でスピン量が多め、速ければ打ち出し角は少し低めでスピンも少なめが理想というわけですが、実際にはランも出るので、あえてスピン量を抑えてランで距離を稼ぐ手もあります。

　ただし、これはあくまでインパクトで芯を食った場合の話です。当然、打点がズレればこの数値にはなりません。また、コースでは風があったり、気圧の違いなど毎回条件が違いますから、このようなショットはほとんど打てないと考えるのが妥当。あくまで参考として利用するべきデータです。

おわりに

　プロコーチになって20数年来、お客様に上達していただくため、ずっとお客様のゴルフクラブの動きを眺め続けてきました。

　本編でも述べましたが、スイングはゴルフクラブが主役のバランス運動です。ボールを引っ叩く役割を負ったクラブには重さがあり、なおかつ先端部に重さが集中しているため、振り子運動からの円運動によって相応の遠心力が発生します。

　ゴルファーはかなりの力でクラブに引っ張られますから、その力に翻弄されないよう、常にクラブが動くのとは逆方向に力を出し続けなければいけません。この力を向心力と言いますが、スイング中にゴルファーは、向心力によって無意識にバランスをとっているのです。

　忘れてならないのは、逆もまた真なりということ。すなわち、クラブの円運動には、ある程度のスピードが伴わないと、体がバランサーとしての機能を発揮しづらくなるということです。体を使わずに手と腕だけ使って打つならその限りではありませんが、バランサーを有効活用するにはゆっくり振って当てにいけばいい、というものでもないのです。

　体をスイングの主役に据えている人は、体の動き方、あるいはスイング時の"カタチ"を変えることによってクラブの動きをよくしようとしています。もちろん不可能ではありませんが、いかんせん"本丸"を攻めていないので難しい。ラウンドに必要なスイングを身につけるうえで回り道になることは否めません。

　クラブ目線でスイングを考えると、クラブが合っているかいないかもすぐにわかります。持てる力でビュンビュン棒振りをしたときに、クラブが重すぎたり、シャフトがグニャグニャに柔らかいと振りづらい。これはクラブが自分に合っていないということなので、替えるというチョイスができます。フィットしたクラブに替えたり、パーツを替えることで、練習とラウンドで同じスイングができるようになるのはよくあること。なので私のスタジオにはクラブの工房も備えて、できることには可能な限り対応できるようにしています。

　次のラウンドでコースに行ったら、ぜひクラブ目線でプレーしてみてください。どんな角度でヘッドを入れようか、どの方向に振ろうか、フェースをどっちに向けようか、ドローを打とう、フェードを打とう、など何でも構いません。思った通りにいかなくて

もいいので、自分の円弧を形成してどう打ちたいかを考えてみるのです。

こうすると、狙い所もアドレスも、最終的にはスイングまで変わってきますが、スイングとは本来はそういうものでなければいけません。コースでは平らなところはほぼありませんし、ボールのライもショット毎に変わります。そんな状況でマットの上から打つときのアドレスやスイングが通用するはずがありません。プレーヤーは常に水のように対応できなければいけないのです。

クラブの動きに合わせて体を反応させる＝体がバランサーになっていれば、難しい状況でもボールが打てます。バランスがとれないところでクラブを振り回したら危険なことを人は本能的に知っているからです。

そう考えると、ゴルフのラウンドはプレーヤーのサバイバル能力が試される場なのかもしれません。そしてゴルフクラブは、人間の本能を引き出してくれるもの。硬い木材に釘を打つときはトンカチで強く打ち、柔らかければやさしく打ちます。また、杭のように大きなものを打ち込むときは道具自体を替えます。人が普通にやっていることを、ゴルフ場でも普通にやればいいだけなのです。

ただし、それでもうまくいかないのがゴルフの醍醐味であり面白いところです。クラブ目線でスイングを考えていただければ、スイング作りにそんなに時間をかけなくてもゴルフの新しい扉を開き、その面白味を味わうことができます。最後までお読みいただき、ありがとうございました。

末筆になりますが、本書の出版にご協力くださった主婦の友社佐々木亮虎さん、構成者の岸和也さん、編集の菊池企画の菊池真さんに厚く御礼申し上げたいと思います。ありがとうございました。

森 守洋

【著者】

森 守洋（もり もりひろ）

1977年生まれ。静岡県出身。高校時代にゴルフを始める。95年に渡米し、サンディエゴにてミニツアーを転戦しながら腕を磨く。帰国後、陳清波プロに師事し、ダウンブロー打法を学ぶ。現在は、東京都三鷹市で「東京ゴルフスタジオ」（http://tokyo-gs.com/）を主宰し、香妻陣一朗プロ、原江里菜プロ、堀琴音プロら複数のツアープロコーチを務め、多くのアマチュアの指導にもあたっている。

著書に『ゴルフスイングの原理原則』『森守洋流ラウンドレッスンで教えている成功の法則』『ゴルフ 森 守洋「正しいスイング」はクラブが主役』『写真でわかる森守洋流 新しいゴルフの基本』（以上、主婦の友社）、『結果が出るゴルファーの共通点』『ゴルフ 誰もいわなかったプロのスイングになる極意』『誰も教えてくれなかった ゴルフクラブ最強の使い方』（以上、河出書房新社）、『ゴルフ「勘違い」に気付けば１００を切れる！』『ゴルフ【苦手】を【得意】に変えるパッティング』『ゴルフ【苦手】を【得意】に変えるショートゲーム』（以上、池田書店）、『９割のゴルファーが知らない90台が出るスイング』（学研プラス）、『ゴルフ プロのダウンブロー最新理論』（青春出版社）など多数。

【STAFF】

構成／岸 和也
写真／圓岡紀夫
動画／永井俊士
イラスト／鈴木真紀夫
装丁・本文デザイン・DTP／清水洋子
協力／T&T東京ゴルフスタジオ
　　　ピンゴルフジャパン株式会社
参考資料／GOLFサプリ
編集／菊池企画
企画プロデュース／菊池 真
編集担当／佐々木亮虎（主婦の友社）

ゴルフクラブの原理原則

2025年4月30日　第1刷発行

著　者　森 守洋（もり もりひろ）
発行者　大宮敏靖
発行所　株式会社主婦の友社
　　　　〒141-0021　東京都品川区上大崎3-1-1 目黒セントラルスクエア
　　　　電話 03-5280-7537（内容・不良品等のお問い合わせ）　049-259-1236（販売）
印刷所　大日本印刷株式会社

ⒸMorihiro Mori 2025 Printed in Japan　ISBN978-4-07-461534-6

Ⓡ〈日本複製権センター委託出版物〉
本書を無断で複写複製（電子化を含む）することは、著作権法上の例外を除き、禁じられています。本書をコピーされる場合は、事前に公益社団法人日本複製権センター（JRRC）の許諾を受けてください。また本書を代行業者等の第三者に依頼してスキャンやデジタル化することは、たとえ個人や家庭内での利用であっても一切認められておりません。
JRRC〈https://jrrc.or.jp　eメール:jrrc_info@jrrc.or.jp　電話：03-6809-1281〉

●本のご注文は、お近くの書店または主婦の友社コールセンター（電話0120-916-892）まで。
※お問い合わせ受付時間　月〜金（祝日を除く）　10：00〜16：00
※個人のお客さまからのよくある質問のご案内　https://shufunotomo.co.jp/faq/